Clarissa Ray

# Mit Farben meditieren

Ein kreativer Weg
zu bewußter Wahrnehmung,
Entspannung und Selbstheilung
mit Farbe und Licht

edition
Tramontane

1. Auflage 1992

© Edition Tramontane, Bad Münstereifel

Alle Rechte vorbehalten

Printed in Germany

ISBN 3-925828-28-1

*Frage die Sonne nach den Geheimnissen,*
*die sie für dich bewahrt.*

(William Blake)

# INHALT

## Zur Einstimmung:
## *Farbmeditation mit dem Mandala des Regenbogens*

Schließe die Augen und entspanne damit nicht nur sie, sondern auch dein von äußeren Reizen überfüttertes Gehirn. Versuche, dich soweit wie möglich von deinen Gedanken zu befreien oder – wenn dir dies nicht gleich gelingt – dein Festhalten an dem inneren Gedanken- und Bilderstrom loszulassen.

Stelle dir nun vor, daß dein Herz-Zentrum aus reinem weißen Licht besteht und daß von dort ein kreisförmiger Regenbogen ausstrahlt, der langsam deinen ganzen Körper erfüllt. Die Peripherie dieses Kreises wird durch eine imaginäre Linie gebildet, die den Kopf mit deiner ausgestreckten linken Hand verbindet und von dort aus weiter verläuft zu deinem linken und dann zum rechten Fuß, hoch zu deiner ausgestreckten rechten Hand und wieder zurück zum Kopf. Die linke Seite dieses kreisförmigen Körperfeldes wird von den Farben Rot-Orange-Gelb ausgefüllt, die rechte Seite verläuft von Grün über Blau bis zum Violett. Am Kopf treffen sich diese beiden Spektralbereiche und gehen mit Rot und Violett ineinander über.

Spüre, wie sich diese Farben vom Herzen aus in allen Richtungen ausbreiten ... wie sie deinen Körper ganz langsam erfüllen ... wie ihre Energie jede Zelle deines Körpers durchdringt. Versuche der Erfahrung nachzugehen, woher diese Energie strömt ... und welche Gefühle, Emotionen oder auch Gedanken du dabei wahrnimmst, wenn die einzelnen Farben die verschiedenen Körperzonen erreichen ... und dann, was du dabei empfindest, wenn sie sich nach und nach über die Begrenzungen deines Körperfeldes ausdehnen, bis sie die imaginäre Kreislinie erreichen, die du selbst um sie beschreibst. Ihre Energie umgibt dich schließlich wie eine große transparente Kugel ... und in dieser Kugel bist du selbst ein pulsierender, ein schwingender und zuletzt ein kreisender Regenbogen.

Kehre nun den Energiestrom wieder um und lenke die Farben zu ihrer Quelle, dem Herz-Zentrum, zurück. Wenn die Farbenergien zu ihrem Ursprung zurückströmen, versuche ein Gefühl dafür zu entwickeln, wie sich das weiße Licht von seinem Mittelpunkt im Herzen ausdehnt und langsam wieder deinen Körper erfüllt. Dies ist das reine Licht der ursprünglichen ungeteilten Erfahrung, das alle Unterschiede aufhebt und worin alle Farben miteinander verschmolzen sind.

Öffne die Augen wieder, wenn du dich dazu bereit fühlst, und stelle dir vor, daß du immer noch von einem leuchtenden Kraftfeld umgeben bist.

## Kapitel 1

# Die Erfahrung der Welt als Farbe

Tag für Tag erwachen wir aus undifferenzierter Dunkelheit zum Licht und zu den Farben einer Welt, die uns pulsierende Schwingungen, Bilder, Töne und die verschiedensten Sinneswahrnehmungen schenkt: Unsere Welt verändert sich ständig, doch Farbe ist als festes Element darin integriert. Jede Materie strahlt Licht aus, und da Farbe eine Lichtschwingung ist, strahlt auch jede Materie eine Farbschwingung aus. Alle Dinge werden durch Farbe verändert, alle Lebewesen von ihr beeinflußt. Das Leben malt täglich ein vielfarbiges, immer anderes Bild, das – wie auf einer Palette – von feinsten Farbabstufungen und -schattierungen geprägt ist.

Auch alles in der Natur hat an Farbe teil und wird durch sie bestimmt. Wenn wir uns beispielsweise einen Baum oder eine Blume vorstellen, taucht dann nicht unmittelbar auch Farbe als ein wichtiges Erkennungsmerkmal auf? Vor allem die stetige Veränderung der Farben durch den Wandel der Jahreszeiten übt einen großen Reiz auf uns aus. Man kann sogar sagen, daß zwischen Farbe-Emotion eine engere Verbindung als zwischen Form-Emotion besteht.

Die Liebe zur Farbe – oder zu bestimmten Farben – steht mit dem inneren Bewußtsein des Menschen in Verbindung. Manche Menschen sind für Farben weitaus empfänglicher als andere. Einige werden von bestimmten Farben stark angezogen oder sogar fasziniert, während andere von denselben Schwingungen abgestoßen werden oder sich ziemlich unbeeindruckt zeigen. Die Erforschung des Phänomens Farbe ist Teil der Wissenschaft des Geistes – denn Farbe ist im Grunde genommen eine geistige Vorstellung. Jede Farbe und Farbnuance hat ihre eigene Qualität, Symbolik und Wirkung. Daher beruht auch die Wahl der Lieblingsfarbe nicht auf dem Zufall oder entspringt der bloßen Laune eines Menschen, sondern einem tiefen unter- oder sogar unbewußten Gespür.

Wenn beispielsweise jemand nahezu ausschließlich nur eine Farbe trägt, so kann dies ein Zeichen dafür sein, daß er nicht im Gleichgewicht lebt. Jede Farbe hat positive *und* negative Eigenschaften und Wirkungen. Ein fast vollständiges Konzentrieren auf eine Farbe in der Kleidung und vielleicht auch in der Wohnungseinrichtung kann entweder als Hinweis auf die negativen Eigenschaften dieser Farbe verstanden werden oder auch als unbewußter Versuch, die bei dem Betreffenden fehlenden Qualitäten dieser Farbe durch eine Überbetonung im Äußeren ausgleichen zu wollen.

Farben haben demnach eine starke Wirkung auf unser Bewußtsein und auf unsere Emotionen. Das Wissen darum ist alt: Aus Ägypten ist beispielsweise überliefert, daß jemand, der »seine Farbe« kannte, damit auch sich selbst kannte. Entsprechend hat auch Therapie mit Farbe einen heilenden Effekt auf Körper, Seele und Geist. Schon im alten China wurden Kranke mit Farben therapiert, und Gelb war Magen/Darm, Rot Herzbeschwerden und Scharlach, Violett der Epilepsie zugeordnet. Die Fenster der Krankenzimmer wurden mit Vorhängen in den entsprechenden Farben verhängt, die Kranken in der für sie heilsamen Farbe gekleidet und mit ihr bestrahlt.

Durch die Psychosomatik, die Verbindung zwischen Körper und Psyche, ist die Farbtherapie nicht nur dafür geeignet, Krankheiten des Körpers zu behandeln, sondern sie wirkt auch unterstützend darin, unser Wohlbefinden ganzheitlich zu beeinflussen. Unsere Gemütsverfassung kann sich über ein Spektrum zwischen euphorischer

Begeisterung und depressiver Verzweiflung erstrecken. Oft sind wir diesen Stimmungen mehr oder weniger hilflos ausgeliefert, doch können wir durch eine erhöhte Achtsamkeit auch eine größere Beherrschung unserer Emotionen erlangen. Die bewußte Wahrnehmung von Farben und ihrer Wirkung kann dazu beitragen, über verdrängte Konflikte und Probleme Klarheit zu gewinnen und entsprechend mit ihnen umzugehen. Dies beruht auf dem Zusammenhang von Gedanken, Gefühlen, Anspannung/Entspannung, Negativität und Krankheit. Wir können unser geistiges ebenso wie unser physisches Bewußtsein erweitern und damit unsere potentiellen inneren Möglichkeiten vergrößern. Wenn wir uns durch Lernprozesse besser auf Veränderungen einstellen, verbessern wir damit unser körperliches und emotionales Wohlbefinden und stärken unser Selbstbewußtsein im richtigen Sinne.

Jeder Gedanke und jedes Gefühl ist »Materie«, die sich in Form von elektromagnetischen Schwingungen niederschlägt und in der Aura widerspiegelt. Diese Schwingungen sind als Farbe oder Form wahrzunehmen. Ihr Charakter hängt von der Art der Gedanken oder der die Gefühle begleitenden Emotionen ab. Negative Gedanken und Gefühle machen nicht nur den physischen Körper verspannt und verkrampft, sondern manifestieren sich auch als Blockaden in den feinstofflicheren Körperebenen der Aura. Sie zeigen sich dort in Form von schweren Schwingungen und dunklen Farben. Als Ausdruck einer negativen Grundhaltung können sie mit Hilfe von Farbmeditation langsam aufgelöst werden, wobei Atemtherapie sehr unterstützend wirkt: Tiefenatmung kann auch tiefer liegende Gefühle ans Tageslicht, das heißt, auf die Ebene des Bewußtseins bringen.

Jede Form von Krankheit entsteht durch ein gestörtes

Gleichgewicht im gesamten Organismus und Lebenssystem. Dafür ist Farbe ein sehr ausgleichendes Element, da ihre Eigenschaften von Körper-Seele-Geist leicht aufgenommen und genutzt werden können. Das Heilen *von innen,* sei es durch Atmen, Visualisieren oder Meditieren mit Farben, geht tiefer und ist daher – bei richtiger Anwendung – wirksamer als eine Behandlung *von außen,* beispielsweise durch Farbbestrahlung. Der Heilungsprozeß verläuft hierbei *von innen nach außen,* denn durch die innere Arbeit mit Farbe erfolgt eine Einwirkung auf das Bewußtsein – fast im Sinne einer Bewußtseinserweiterung – und damit auch auf das »Bewußtsein« der Körperzellen. Durch imaginative und meditative Übungen mit Farben werden Botschaften über deren innere Qualität ausgesendet, die gestörte Schwingungen wieder da harmonisieren können, wo sie entstanden sind.

## Kapitel 2

## FARBEN UND BEWUSSTSEIN

### Die Bedeutung des geistigen Bildes für die Farbmeditation und ihre Wirkungsmöglichkeiten

Schon in Goethes Farbenlehre finden wir die Empfehlung, das Studium der Farben mit dem Interesse an der Selbsterkenntnis zu verbinden. Wer das Wesen und die Gesetze der Farben als lebendigen Ausdruck des Lebens versteht, kann auch sich selbst besser verstehen. Wenn wir Farben nicht nur als reines Betrachtungsobjekt registrieren, sondern bewußt in ihrer Qualität sehen, verändert sich unsere Wahrnehmung und schafft eine subjektiv bestimmte Dimension ihrer Erfahrbarkeit. Anders als beim verstandesbetonten Denkvorgang fallen bei der geistigen Schau Subjekt und Objekt zusammen. Entsprechend machen wir Farben als Spiegelung unserer Innenwelt, mit ihren bewußten und unbewußten Anteilen, durch unsere geistige Vorstellung erst zu dem, was sie sind.

Welche Beziehung besteht nun zwischen einer bewußten Wahrnehmung von Farben und einer auch geistigseelischen Entspannung sowie der Möglichkeit zur Selbstheilung? Farbfrequenzen geben ihre heilenden Informationen durch Lichtimpulse an den Körper weiter und können in Verbindung mit Meditation dazu beitragen, Blockaden auf emotionaler und geistiger Ebene abzubauen. Ganz allgemein existiert eine Wechselbeziehung zwischen Meditation – ob mit oder ohne Farben – und Entspannung, was sich vordergründig durch eine beruhigende Wirkung auf unser Nervensystem erklären läßt. Davon ausgehend, bietet Meditation die Gelegen-

17

heit zur Innenschau: Tiefer liegende Gefühle, Wünsche, Bedürfnisse, Ängste, überdeckte Probleme und Konditionierungen können besser sichtbar werden und damit die Möglichkeit zu einer ehrlicheren und umfassenderen Selbsterkenntnis geben.

Nach R. Assagiolis *Psychosynthesis*\* können visualisierte Symbole, und damit auch Farben, in denen eine überlieferte und allgemein anerkannte Symbolik konzentriert ist, als Kanäle für psychische Energie dienen und diese sammeln und umwandeln. Sie wirken damit als Werkzeug für die Transformation des Unbewußten. Werden durch solche Symbole oder Farben unbewußte Kräfte angerührt, so können damit nicht nur innere, sondern auch äußere Veränderungen in Bewegung gesetzt werden. Dies verhält sich ganz ähnlich wie bei Traum- oder Phantasiereisen: Durch die Auslösung innerer Prozesse wird zugedecktes psychisches Material wieder ins Bewußtsein gebracht und damit eine größere Integration von verschiedenen Persönlichkeitsanteilen erreicht. Durch dieses therapeutische Mittel wird eine kraftvolle Verbindung zum »inneren Selbst« hergestellt, und die dabei freigesetzte Energie kann noch länger psychisch und auch körperlich nachempfunden werden.

Eine sehr starke Wirkung hat hierbei das *geistige Bild,* zumal es auch andere, bereits erlebte Sinneseindrücke mit wachruft. Die auf diese Weise wahrgenommene Farbe ist mit einer höheren Energie aufgeladen. Die von ihr ausstrahlenden Schwingungen lassen ein Kraftfeld entstehen, das nicht nur eine Verbindung nach innen, sondern gleichzeitig auch eine Öffnung nach außen schafft. Damit wird also keine »Realitätsflucht« gefördert, sondern diese Realität wird vielmehr so verinnerlicht, daß

---

\* Vgl. dazu das Grundwerk *Handbuch der Psychosynthesis* (Freiburg 1978).

sich die Psyche vollkommen mit der äußeren Welt verbinden kann und harmonische Energien aus ihr empfängt.

Wir können mittels dieser Methode allgemein unsere Konzentrationskraft ausbilden und unsere visuelle Wahrnehmungsfähigkeit stärken. Ebenso können wir die inneren Eigenschaften und Energien von Farbe in uns entstehen lassen, und schließlich können wir die Kraft zur Selbstheilung und zur Überwindung von negativen oder störenden Einflüssen entwickeln lernen. Unsere wichtigsten psychischen Funktionen – Denken, Gefühl, Intuition, Sinnesempfindung – drücken sich in der Wahrnehmung von Licht und damit auch von Farbe aus. Durch visuelle Konzentration und die sich daran anschließende Verinnerlichung von Farbstrahlen können sich die positiven Qualitäten und heilenden Energien der Farbe auf den Meditierenden übertragen und damit gestörte Schwingungen wieder in Harmonie bringen.

Die willentliche Vorstellung einer Farbe als inneres Bild wird sehr erleichtert, wenn die Augen geschlossen bleiben, damit sie sich – ebenso wie das Gehirn – von der Überfülle an äußeren Sinnesreizen freimachen können. Auch wenn es uns schwerfallen mag, ein solches inneres Bild wirklich zu *sehen*, werden bereits durch die Vorstufen der Visualisierung, wenn wir uns die Farben nur vorstellen oder »denken«, ihre heilenden Kräfte entwickelt und eine harmonisierende Wirkung herbeigeführt. Der Ausbildung eines Farbenbewußtseins können wir uns am leichtesten annähern, wenn wir uns einen farbigen Gegenstand, beispielsweise ein rotes Buch, genau anschauen und dann mit geschlossenen Augen versuchen, uns diesen Gegenstand so deutlich wie möglich vorzustellen. Schließlich lassen wir seine Form sich auflösen, so daß sich die Empfindung »Farbe« unbegrenzt in uns ausbreiten kann.

Für diese Übung sollten wir uns möglichst in einem Zustand befinden, der gleichzeitig Ruhe, Konzentration und Entspannung einschließt. Wie alles, wird auch die Ausbildung eines Farbenbewußtseins durch regelmäßige Praxis sehr unterstützt. Dafür empfiehlt sich jeweils eine Viertelstunde Übung früh am Morgen und vor dem Zubettgehen. Nach einigen Tagen wird sich das innere Bild der Farbe fast mühelos wie von selbst einstellen, und nach einigen Wochen werden wir vielleicht erstaunt sein, welche Imaginationsfähigkeiten wir in der Zwischenzeit entwickelt haben. Es ist wichtig, daß wir die Farben in Entsprechung zu den geistigen Bildern in unserer Vorstellung sehen und daß sie eine möglichst große Leuchtkraft besitzen.

## Die Sieben Strahlen und die Chakras

Die Arbeit mit Farben über den Atem, durch Visualisieren und Meditation hat das Ziel, über den Weg einer tieferen Bewußtwerdung Körper, Seele und Geist zu revitalisieren und von innen heraus zu verwandeln, womit auch die sieben reinen Strahlen in der Aura wiederhergestellt werden. Die sieben Regenbogenfarben, deren Erscheinung wir aus der materiellen Welt kennen, haben hier im inneren Mikrokosmos des Menschen ihre vollkommene Entsprechung.

*Rot* ist Ausdruck der reinen physischen Energie und steht für die spontane Manifestation des Lebens.

*Orange* entspricht der Lebensfreude, die noch nicht von der Vernunft eingeengt wird, ist durch den Gelb-Anteil jedoch schon gemischt mit dem Einfluß des Intellekts.

*Gelb* versinnbildlicht die Verstandesfähigkeiten im Menschen.

*Grün* steht symbolisch für das Gleichgewicht in der Natur. Seine Bestimmung liegt auf der Ebene der Erscheinungen, und daher erschafft es Formen und Strukturen.

Von Grün an aufwärts bewegen wir uns nun zu dem stärker geistig und spirituell ausgerichteten Pol des Spektrums.

*Blau* symbolisiert innere Ruhe und heitere Gelassenheit, und diese wiederum entstehen aus dem Glauben an Werte, die über die reine materielle Form hinausgehen.

Dieses Verständnis für die Tiefe des Lebens entfaltet sich noch weiter, wenn wir von Blau zu *Indigo* fortschreiten. Auf dieser Stufe wird ein Gleichgewicht zwischen materieller und spiritueller Stufe erreicht.

Auf der Stufe von *Violett* werden schließlich die Wünsche des materiellen Lebens überwunden und durch Erfahrung und Wissen transformiert.

Jede Farbe hat, in Entsprechung zu den Sieben Strahlen, sieben Aspekte: Sie vitalisiert und belebt, sie heilt, erweckt, nährt, inspiriert, stärkt und führt zur Vollkommenheit. Dies soll am Beispiel von Rot, dem Lebensstrahl, veranschaulicht werden, wobei Rot zwar grundlegend auf die physische Ebene einwirkt, aber auch den feinstofflichen Körper sowie die mentale und spirituelle Ebene beeinflußt:

Rot vitalisiert jede lebendige Materie. Es besitzt eine positive magnetische Schwingung, die der physische Körper zum Überleben braucht.

Rot ist eine wirksame Heilfarbe bei Erkrankungen von Blut und Kreislauf, bei Schwäche und Depression.

Bestimmte Rotschwingungen wirken auch auf das Unterbewußte und vermögen primäre Instinkte wachzurufen.

Rot nährt uns mit Lebenskraft, mit physischer Energie und Stärke.

Rot wirkt inspirierend auf den Pioniergeist und unterstützt solche Eigenschaften wie Mut, Abenteuerlust,
Begeisterung – und Liebesfähigkeit.

Rot fördert in positivem Sinne Ehrgeiz, Führungsquali-
täten und Großzügigkeit, und seine vollkommene Aus-
drucksform findet es schließlich in dem mutigen und
optimistischen Tatenmensch.

*

Die sieben wichtigsten Farbschwingungen stehen nicht
nur mit den sieben Stufen der Manifestation, sondern
auch mit den sieben Hauptdrüsen im menschlichen Körper in Verbindung, die nach der indischen Tradition den
*sieben Chakras* entsprechen. Diese feinstofflichen Energiezentren liegen im »Ätherkörper«, der das energetische
Grundschwingungsmuster des physischen Körpers und
damit der vitalen Lebenskraft enthält. Die Chakras ziehen
die universelle Energie in den Körper; sie wird dort zerlegt
und an jedes Chakra zur energetischen Aufladung der
endokrinen Drüsen verteilt. Jedes Chakra empfängt also
die seiner Stufe entsprechende Energie, wandelt diese um
und gibt sie weiter.

Die Chakras sind besonders geeignete Kanäle für Farbenergien. Jedes Chakra nimmt durch seinen eigenen Farb-
strahl eine bestimmte Strömung von vitaler Energie aus
der physisch-materiellen Umgebung und ebenso auch
von höheren Bewußtseinsebenen auf. Liegt eine Störung
oder Unausgewogenheit in Form von zu starker oder zu
schwacher Energie in einem Chakra vor, ist diese durch
Farbtherapie, beispielsweise das Visualisieren oder
Atmen der betreffenden Farbe, wieder zu harmonisieren
(siehe die Kapitel 4 und 5).

Das *Wurzel-Chakra* korrespondiert mit der Farbe Rot.
Dieses Chakra hat die Aufgabe, die universelle Energie

aufzunehmen, um den Körper mit physischer Energie zu versorgen. Es steht für Lebenskraft und wirkt stabilisierend und erdend. Entsprechend hat Rot eine belebende Wirkung auf unseren Körper. Es stimuliert auch das Nervensystem und ist daher sehr gut bei körperlicher Erschöpfung und Energiemangel einzusetzen.

Das *Sakral-Chakra* korrespondiert mit der Farbe Orange. Es steht für Energie und sorgt dafür, daß diese in Fluß bleibt. Dieses Chakra zieht das *Prana* aus der physischen Atmosphäre an, das heißt, die Vitalenergie des Sonnenlichts, die es absorbiert und in alle Bereiche des Körpers verteilt (siehe auch unter »Farbenatmung«). Damit hat das Sakral-Chakra in seinem harmonisierenden Aspekt auch eine reinigende Wirkung.

Das *Nabel-Chakra* korrespondiert mit der Farbe Gelb. Es steht für den Intellekt oder das Geistige und wirkt umwandelnd und gestaltend.

Das *Herz-Chakra* korrespondiert mit der Farbe Grün. Demnach hat es mit lebendiger Regeneration zu tun und steht sinnbildlich für Harmonie und Sympathie. Entsprechend wirkt es öffnend und verbindend.

Das *Hals-Chakra* korrespondiert mit der Farbe Blau, das *Stirn-Chakra* mit der verwandten Farbe Indigo. Beide haben mit unterschiedlichen Stufen von Inspiration zu tun. Das Hals-Chakra wirkt kommunikativ und verbindend, das Stirn-Chakra erkennend.

Das oberste oder *Scheitel-Chakra* korrespondiert mit der Farbe Violett. Es ist mit reinem Bewußtsein und Spiritualität verbunden und wirkt transzendierend.

## Kapitel 3

# Symbolik, Psychologie und Heilwirkung der Sieben Regenbogenfarben

## *Die Farbe Rot*

Rot galt in vielen Kulturen als gleichbedeutend mit Farbe schlechthin. So war Rot bei den Ägyptern ein Symbol für die Lebenskraft, Ausdruck einer Energie, die Wärme und Schutz schenkt. Doch Rot, eine ambivalente Farbe der Veränderung, konnte durchaus auch eine destruktive Macht darstellen, wie sie sich in Seth, dem Gott der Wüste, verkörperte. Ihm wurden rote Haare und ein rotes Herz zugeschrieben – und jemand, der solch ein »rotes Herz« hatte, geriet leicht in Wut.

Rot als die Farbe des Blutes ist *die* Lebensfarbe und von daher eine im wesentlichen physische Farbe. Durch ihre Verbindung mit dem Feuer-Element ist sie Ausdruck von reiner Energie und steht symbolisch für die tiefsten menschlichen Leidenschaften – Liebe und Haß, Mut und Rache. Ihre Qualitäten sind warm bis heiß, vibrierend, unruhig, ihre Wirkungen stimulierend, anregend bis erregend, expansiv.

Die psychische Grunderfahrung von Rot als *Farbe des Feuers* ist fast sinnlich-körperlich als ein Vorgang des Entbrennens oder Entflammens vorzustellen, wie er sich intensiv in den oft glühenden Emotionen von Liebe und Haß äußert, und auf der geistigen Ebene als begeisternde Inspiration bis hin zu einem Zustand der Erleuchtung, den die christliche Terminologie mit dem Bild der »feurigen Zungen« umschreibt. Die umschmelzenden starken Gefühle von Liebe und Haß können ebenso wie die inspirierende geistige Erfahrung zu einer tiefgreifenden Wandlung führen, wie sie im alchimistischen Prozeß auf der Stufe der »Rubedo«, der Rötung, eintritt.

Die psychische Grunderfahrung von Rot als *Farbe des Blutes* hat mit der Hingabe der vitalen Lebenskraft und dem Aufgehen in Eros, Kampf oder Tod zu tun. Das Blut ist hier mit Leiden, mit Leidenschaft, mit der Vorstellung des Opfers verbunden, doch selbst dies läßt sich als eine Steigerung und Erhöhung des Lebens begreifen.

Von Rot fühlen sich besonders solche Menschen instinktiv angezogen, die einen praktischen Realitätssinn haben, also gut »geerdet« sind und sich durchsetzen können. Sie gehören zum aktiven Typus und sind meist kraftvoll, extrovertiert und recht impulsiv, und sie haben auch die Neigung, zu energisch und leicht aggressiv zu sein. Sie sind ausgesprochen optimistisch und erwarten sehr viel vom Leben, am liebsten wären sie immer »high«. Dies korrespondiert mit dem Aspekt von Rot als Lieblingsfarbe der Kinder.

In der Regel wird Rot auch in der Kleidung von dem extrovertierten offenen Typus bevorzugt. Wenn eine eher ruhige Person viel Rot trägt – und dies kann dann oft auch eine gedämpftere Farbnuance sein –, braucht sie entweder dessen warme und energetische Eigenschaften, oder sie will ihre wahren Gefühle hinter dieser auffallenden äußeren Fassade verstecken.

Rot wirkt anregend auf den physischen Körper, die Sinne und das Nervensystem und dient entsprechend zur Kräftigung der vitalen Fähigkeiten. Seine Schwingungen harmonieren vor allem mit den Emotionen und weniger mit den Fähigkeiten des Denkens und der Urteilskraft. Sie haben jedoch durchaus auch eine anregende Wirkung auf den Geist und fördern solche marsbetonten Eigenschaften wie Stärke, Mut und Begeisterungsfähigkeit. Der rote

Strahl kann sehr wirksam bei mangelnder Vitalität und den körperlichen Entsprechungen wie niedrigem Blutdruck, schlechter Durchblutung, Schwäche- und Erschöpfungszuständen eingesetzt werden. Rot ist das natürliche Gegenmittel für den kalten »blauen« Zustand. Fehlendes Rot in der Aura oder eine entschiedene Ablehnung von Rot kann als Hinweis auf einen Mangel an Lebenskraft, Lebensfreude und ein zu schwach ausgeprägtes sexuelles Interesse gedeutet werden. Entsprechend kann Rot durch seine Wirkung auf die Geschlechtsorgane auch bei Frigidität und Impotenz eingesetzt werden.

Schon die geistige Konzentration auf diese dynamische Farbe ist sehr wirkungsvoll. Visualisationen oder Meditationen mit Rot sind gut geeignet bei unzureichendem Realitätsbezug, mangelndem Geerdetsein (Beziehung zum Wurzel-Chakra) und fehlender Energie, was sich auch in Form von Depression, in Sorgen und Angstzuständen äußern kann. Als sich ausdehnende Energie kann Rot den Zustand der Schwere, die sich in körperlicher oder geistig-seelischer Trägheit und Antriebsschwäche äußert, ausgleichen helfen. Rot spricht allerdings mehr den extrovertierten Typus an und ist primär auf äußere Erfahrung ausgerichtet.

Die Farbe Rot ist maßvoll und wohldosiert einzusetzen, da sie durch ihre starken Schwingungen zu sehr anregen kann; besonders bei leicht erregbaren und überaktiven Menschen ist Vorsicht geboten und besser auf das sanftere Rosenrot (Rosa) auszuweichen. Eine allzu intensive bzw. zu lange Konzentration auf Rot kann auf der physischen Ebene Entzündungen und fiebrige Zustände fördern, und auch auf der mental-emotionalen Ebene kann es zu unerwünschten Wirkungen kommen. Wenn die durch Rot angeregte Energie beispielsweise keinen konstruktiven Ausdruck findet, kann dies zu nervöser Spannung und Ruhelosigkeit führen, da die Energie zerstreut wird und damit den Organismus letztlich schwächt.

## Rosa

Rosa oder Pink entsteht aus der Mischung von Rot und Weiß und könnte auch als die »höhere Oktave« von Rot bezeichnet werden. Es versinnbildlicht die zarteren Qualitäten von Rot: Liebe ohne das Moment der Leidenschaft, Zärtlichkeit, Zuneigung, Sympathie und Mitgefühl. Es ist auch Ausdruck für das Bedürfnis nach Sicherheit und Schutz und gilt gleichzeitig als Farbe des Alters und als Lieblingsfarbe sehr junger oder kindlicher Menschen.

Von allen Rottönen hat Rosenrot oder Rosa die positivste, weil harmonischste Wirkung auf den Menschen und ist, gemeinsam mit Grün, die Farbe des Herz-Chakras.

## Die Farbe Orange

Orange ist eine Mischfarbe, die sowohl die Energie von Rot als auch von Gelb einschließt. Damit enthält sie ein Ausgleich schaffendes Element, das gleichzeitig auf das physische Wohlbefinden (Rot) und die Intelligenz (Gelb) einwirkt, dabei jedoch weder die starke sexuelle Betonung von Rot noch die reine Intellektualität von Gelb hat. Wie bei jeder Mischfarbe, fällt es jedoch auch hier nicht immer leicht, eine Harmonie mit diesen Farbschwingungen herzustellen, was besonders übernervöse und ruhelose Menschen bemerken werden.

Orange ist Ausdruck von Vitalität und Geisteskraft. Nach I. Riedel handelt es sich bei Orange um eine Farbe,

bei der Körperlichkeit und Emotionalität bereits eine
zielgerichtete Bewegung und Gestaltung bekommen
haben.* Wie Rot, so hat auch Orange eine erwärmende
und belebende Wirkung und liefert besonders den Nerven Energie, was sich in einer erhöhten geistigen Spann-
kraft und größerer Lebensfreude äußert. Der orangefarbene Strahl steht mit derjenigen Energieform in Verbindung, die den Körper von der Sonne aus erreicht. Diese
Farbe wirkt daher wie ein »energetisierendes Tonikum«
und ist direkt am Aufbau von Körperenergie beteiligt.
Durch ihren geistigen Aspekt (Gelb) unterstützt sie
gleichzeitig auch ein tieferes Verständnis für den Gebrauch von Energie, als dies bei einem reinen Rot der Fall
sein kann. Als Ausdruck dieser geistig ausgerichteten
Energie hat Orange seine Entsprechung in der Astral-
ebene. Als Mittler zwischen physischen und geistigen
Prinzipien ist es von großer Bedeutung bei der Aufnahme
und Visualisation von Ideen und hat die psychisch-men-
tale Wirkung, Optimismus, Mut und Willenskraft zu stärken. Unter dem Einfluß von Orange entsteht ein Gefühl
von Beziehung und Verbindung. Die Mischung aus vitaler und geistiger Kraft kann positiv zu einem Zusammen-
wirken zwischen ganz verschiedenartigen Elementen beitragen.

Als warme, heitere und freudige Farbe kann Orange
Lebensängste und Hemmungen beseitigen helfen. Es ist
ein hervorragendes Gegenmittel bei der Erfahrung von
Einschränkungen und Begrenzungen und verleiht, wie
ein »zündender Funke«, das Gefühl von Freiheit. Bei
einem Zustand von Energiemangel und allgemeinem
Desinteresse, der geistigen Lethargie, der Unfähigkeit,
sich den Herausforderungen des Lebens zu stellen, kann

---

* Ingrid Riedel: *Farben in Religion, Gesellschaft, Kunst und Psychotherapie.* Stuttgart
1983 (9. Aufl. 1991), S. 125.

Orange sich als ein wirksamer Katalysator erweisen. Abgesehen von seiner belebenden Wirkung auf den Körper, unterstützt es die Bewußtseinserweiterung und läßt neue Gedanken und Vorstellungen leichter aufnehmen und assimilieren. Es stärkt positives Denken und Selbstvertrauen und ist als »Farbe der Angstlosigkeit« ein wirksames Mittel bei Depression. Visualisierungen und Meditationen mit Orange sind außerdem zu wählen bei Übersensibilität gegenüber der Umwelt, die sich in Form von Allergien äußern kann, bei körperlichen und emotionalen Spannungszuständen und Verdrängungsmechanismen.

Da Orange eine ausgesprochene Plus-Schwingung hat, muß darauf geachtet werden, daß seine Anwendung nicht zu nervlicher Überreizung führt. Wenn sich seine Schwingungen als zu kraftvoll erweisen, kann auf das sanftere Apricot ausgewichen werden. Auch eine Verbindung mit einer schwächeren, jedoch mit Orange harmonierenden Farbenergie – in diesem Falle Blau oder Grün – ist hier zu empfehlen.

## Die Farbe Gelb

Durch seine Verbindung mit der Sonne ist Gelb eine sehr alte Symbolfarbe. Im Hinduismus war es gleichbedeutend mit Licht, Leben und Unsterblichkeit, im Buddhismus mit Wunschlosigkeit, Entsagung und dem Streben nach Erleuchtung. Gelb als Farbsymbol für Geist und Intellekt korrespondiert mit der mentalen Ebene. Dies ist der Strahl mit dem höchsten Anteil an Licht. Seine positive magnetische Schwingung regt die geistigen Fähigkeiten an und läßt Vergnügen an diesen finden, wirkt inspirierend und hilft beim Visualisieren. Es beeinflußt positiv die Aktivierung der intellektuellen Seite und ist daher auch sehr gut für einen Raum geeignet, der für geistige Aktivitäten bestimmt ist.

Gelb als Farbe der Sonne hat eine hohe Schwingungsrate, doch ist diese ganz anders als Rot und spricht vornehmlich intelligente und schöpferisch begabte Menschen an. Der unmittelbare Selbstausdruck von Rot erfährt hier eine Verfeinerung zur Kreativität hin. Dies ist eine gute Farbe für alle Kunstschaffenden. Der Gelb-Typus ist geistig sehr wach und aktiv. Außerdem werden Optimismus, Heiterkeit und eine harmonisch ausgeglichene Lebenseinstellung mit Gelb assoziiert. Allgemein ist Gelb eine Symbolfarbe für Glücklichsein, Weisheit und Imagination und paßt vom Persönlichkeitstyp her für den »geistigen Abenteurer«, der ein großes Bedürfnis nach Abwechslung und Freiheit hat und stets auf der Suche nach Neuem ist. Auch in diesem Sinne ist Gelb Ausdruck einer nach außen gerichteten Aktivität und wirkt inspirierend und befreiend.

Eine auffallende Abneigung gegenüber Gelb kann auf die unbewußte Angst davor hinweisen, tiefer in sich selbst hineinzuschauen und die eigenen Gefühle und Antriebskräfte zu erforschen. Jemand, der Gelb nicht mag, ist oft in seinen eigenen Ideen gefangen und dreht sich im Kreis. Eine solche Ablehnung von Gelb oder auch von Gold, seiner »höheren Oktave«, oder fehlendes Gelb in der Aura kann Zeichen für eine depressive Stimmung oder eine bereits bestehende Depression sein. Dies zeigt nicht nur fehlende geistige Offenheit und Angst vor Neuem an, sondern auch einen Mangel an Sonnenenergie und damit einen Mangel an Lebensfreude.

Durch die ausgewogene Aktivierung der intellektuellen Seite kann Gelb andererseits aber auch Menschen helfen, die allzu offen, das heißt, zu wenig geschützt sind, oder auch allzu schöpferisch, das heißt, nicht genügend geerdet.

Gelb hat eine besonders stimulierende Wirkung bei allen Nervenerkrankungen, denn es steht in Verbindung mit der Energie des Solarplexus, dem »Gehirn« des Nervensystems. Visualisierungen und Meditationen mit dieser Farbe haben daher eine sehr günstige, anregende und stärkende Wirkung auf die Nerven. Sie hilft bei melancholischer und pessimistischer Gemütsart und wirkt auf diejenigen entspannend, die niedergeschlagen sind und sich den Anforderungen des Lebens nicht gewachsen fühlen, weil es ihnen an ausreichender geistig-seelischer Energie mangelt. Gelb schafft einen Gegenpol zu negativen Gefühlen, da es Licht und Wärme, Optimismus und Freude ausstrahlt. Auch bei Allergien und Atemproblemen (Asthma) als Ausdruck von Hemmungen und Lebensängsten ist es gut einzusetzen.

Für die Anwendung von Gelb sind allerdings bestimmte Einschränkungen zu beachten: Wenn jemand intellektuell ohnehin schon überaktiv ist, empfiehlt es sich, mit dieser Farbe nur reduziert zu arbeiten. Gelb, das Imaginationskraft und Phantasie, Originalität und Vielseitigkeit unterstützt, kann dann dazu verleiten, sich in Abstraktionen zu verlieren und Luftschlösser zu bauen. Auch bei großer Nervosität und innerer Unruhe ist eine eher kurze Übung mit Gelb ratsam, oder es kann ausgleichend die Komplementärfarbe Violett eingesetzt werden.

Bei der Anwendung von Gelb ist es auch sehr wichtig, den richtigen Farbton zu wählen, denn schon in der traditionellen Symbolik ist Gelb auffallend ambivalent besetzt. Das warme, rötlich getönte Goldgelb der Sonne ist eine ausgesprochene Farbe des Lebens. Doch wo, wie bei Gelb, viel Licht ist, muß wohl auch viel Schatten sein: Das grünstichige, gebrochene bis »schmutzige« Gelb gilt als

Farbe der Krankheit und des Todes. Dies rührt vermutlich aus seiner Verbindung mit der gelben Galle her und äußert sich auf der körperlichen Ebene als Gelbsucht sowie in einer gelblichen Hautfarbe bei Übelkeit und Vergiftungserscheinungen. Das sprichwörtliche »Schwefelgelb« hat sowohl in der Alchimie als auch in dem von C. G. Jung damit verglichenen psychotherapeutischen Wandlungsprozeß eine »auslösende und gefahrvollschöpferisch in Gang setzende Wirkung«.*

Neben dem warmen Goldgelb wird blasseren reinen Gelbtönen eine ausgesprochen inspirierende Wirkung zugesprochen. Doch ebenso wie zu grelle oder dunklere, oft ins Grünliche gehende Nuancen mit Täuschung, Leichtsinn und mangelndem Realitätssinn assoziiert werden, kann durch ein falsch gewähltes Gelb ein Konzentrationsmangel gefördert werden, der die Gefahr von Oberflächlichkeit und einer reizbaren Ungeduld mit sich bringt. Farbnuance und Anwendungsdauer sind beim Umgang mit Gelb daher ganz besonders wichtig.

## Die Farbe Grün

Grün ist, noch stärker als Gelb, eine Farbe des Ausgleichs und der Harmonie, denn es liegt in der Mitte zwischen dem roten und dem violetten Ende des Farbenspektrums und ist daher weder eine »warme« noch eine »kalte« Farbe. Dies entspricht einem Gleichgewicht zwischen dem materiellen und dem geistig-spirituellen Aspekt des Menschseins und hat nach Auffassung der indischen Mystiker einen ausgleichenden Effekt zwischen Ursache und Wirkung. Grün verkörpert die positiven Eigenschaf-

---

* Vgl. Riedel, op. cit., S. 78 f.

ten der ihm benachbarten Farben des Spektrums: die freudige Energie und Heiterkeit von Gelb und die innere Ruhe und Tiefe von Blau. Durch den Blau-Anteil wird die kraftvollere Energie des gelben Strahls ausgewogener. Grün ist daher in besonderem Maße eine Farbe von Gleichgewicht, Harmonie und Einklang.

Grün als Farbe unseres Planeten und der Natur entspricht einer sanften harmonischen Schwingung und ist ein lebensnotwendiger Faktor für unsere Gesundheit und unser allgemeines Wohlbefinden. Die Grunderfahrung von Grün ist verbunden mit der für unser Überleben notwendigen Bedeutung von Natur und Umwelt und auch mit der Neuentdeckung der Natur im Menschen selbst, in Körper und Psyche, was einer Anerkennung der weitgehend abgespaltenen und verdrängten Naturkräfte in uns gleichkommt. Grün entspricht der Sonnenenergie in ihrer natürlichsten Form: dem Chlorophyll. Dies ist physische Energie in einem völlig ausgewogenen Zustand. Vor allem Smaragdgrün ist reich an diesem Lebens-*Prana*.

Die Farbe Grün zieht auf der äußeren oder objektiven Ebene Wachstum und Fortschritt an, während sie auf der inneren oder subjektiven Ebene zu Ruhe und Harmonie inspiriert. Jede Farbschwingung hat sowohl einen objektiven als auch einen subjektiven Aspekt: Objektiv ist ihre Wirkung auf unsere äußere Persönlichkeit und unser Leben, subjektiv der Einfluß auf unser inneres Bewußtsein und die Sinneswahrnehmung. Die Vervollkommnung des grünen Strahls in seinem subjektiven Aspekt ist der ausgewogene Mensch, der Frieden, Gleichmut, Sympathie und Großzügigkeit verkörpert. Dies ist in allen Kulturen die Beschreibung des Weisen gewesen.

Entsprechend fördert Grün einerseits Festigkeit und Geerdetsein, andererseits innere Ruhe und Harmonie. Fehlendes Grün in der Aura oder die Ablehnung von

Grün kann als Hinweis auf eine mangelnde Ausgewogenheit im ganzen Organismus und auf ein schwach ausgebildetes Naturverständnis angesehen werden. Grün hat allgemein durch seinen natürlichen Magnetismus eine sehr positive und ausgleichende Wirkung auf den Energiepegel des Körpers und vor allem auf das Nervensystem und gilt daher als eines der besten Stärkungsmittel bei erschöpften Nerven und Übererregbarkeit. Dabei wirkt es entspannend und erfrischend und gleichzeitig doch beruhigend – wie ein Waldspaziergang. Es hat, ähnlich wie Rosa, einen sanften Effekt, da es mit dem Herz-Chakra in der Mitte des Körpers korrespondiert. Grün hat vor allem auch auf das Herz selbst einen ausgleichenden Einfluß. Auf der physischen Ebene kann seine Schwingung das Blut vitalisieren, den Blutdruck regulieren und die Heilung von Herzbeschwerden unterstützen; auf der psychischen Ebene wirkt sie auf das Gemütsleben ein und harmonisiert gefühlsbedingte Komplexe.

Wenn das Herz-Chakra allerdings zu langsam arbeitet, darf die Farbe Grün aufgrund ihrer mildernden und beruhigenden Eigenschaften nicht zu einseitig herangezogen werden. Dann gilt, was Goethe zur harmonisierenden Wirkung von Grün bemerkte: »Man kann nicht weiter und man will nicht weiter.«

Visualisierungen und Meditationen mit Grün und vor allem auch Farbenatmung sind sehr wirkungsvoll bei einer allgemein negativen Lebenseinstellung einzusetzen. Auf der physischen Ebene ist dies eine Hilfe bei nervösen Störungen, Ermüdungserscheinungen und Schlaflosigkeit, bei Atembeschwerden und Anspannungen aller Art. Grün hilft körperlichen und seelischen Druck lösen, mildert Ärger und Angstzustände, schenkt Gelassenheit und Vertrauen, das Gefühl von Geborgenheit und die Fähigkeit, loslassen zu können.

Da Grün in sich die Elemente Gelb = Weisheit und Blau = Wahrheit miteinander verbindet, wirkt es öffnend und erweckend auf den Geist. Als Farbsymbol für Harmonie und Sympathie entspricht es der höheren mentalen Ebene. Durch Grün werden hochfliegende Ideen und Pläne auf die Erde gebracht und zu Formen gestaltet, die in einer harmonischen Beziehung zueinander stehen. Es hat eine beruhigende Wirkung auf die Kopfnerven und ist ein ausgezeichnetes Heilmittel bei Kopfschmerzen als Ausdruck von Spannungen.

Auch beim Gebrauch von Grün ist wieder auf das richtige Maß und den passenden Farbton zu achten. Ein Zuviel an Grün kann sogar ins Gegenteil umschlagen und eine eher depressive Wirkung hervorrufen. Jemand, der Grün einseitig bevorzugt, leidet möglicherweise unter unbewußten Ängsten und wählt Grün deshalb, weil ihm inneres Gleichgewicht und Harmonie fehlen. Dies deutet oft auf einen Mangel an der Komplementärfarbe Rot hin.

In der Farbskala verkörpert Mittelgrün die Eigenschaften von Ausgleich und Harmonie. Das stärker ins Gelb gehende »Giftgrün« ist dagegen eher Ausdruck von triebhaftem Wachstum und wirkt leicht abstoßend oder sogar bedrohlich. Das mehr ins Blau gehende Tannengrün assoziiert defensive und beharrende Eigenschaften und fördert das Festhalten- und Besitzenwollen des einmal Erreichten. Dies korrespondiert mit dem Bedürfnis des Grün-Typus nach Sicherheit, jedoch mit einer gewissen Unfähigkeit, sich an Neuerungen anpassen zu können, und dem Versuch, das Gleichgewicht des Status quo bewahren und kontrollieren zu wollen. Hier sollten wir uns vergegenwärtigen, daß die Farbe Grün stets in besonderem Maße mit Fruchtbarkeitssymbolik und Vegetationsmythen in Verbindung stand und von daher Prozessen von Evolution, Unsterblichkeit und Transformation, dem Gedanken des »Stirb und werde« zugehörig ist. Damit sich Grün nicht hemmend auf Wachstum und Weiterentwicklung auswirkt, sollte es immer auch als Symbol der Hoffnung auf eine unaufhörliche Erneuerung betrachtet werden. Unter diesem Blickwinkel kann es als der Heilstrahl *per se* verstanden werden.

## Die Farbe Blau

Im wesentlichen beziehen sich die nachfolgenden allgemeinen Bemerkungen zu Blau auch auf Indigo, ein sehr dunkles Blau mit einem kleinen Schuß Rot, das fast schon ins Blauviolett übergeht. Die symbolische Besetzung, psychologische Wirkung und Heilanwendung unterscheiden sich nur geringfügig. Generell entspricht Blau, nach Kandinsky die »Farbe der Vertiefung«, dem geringsten sinnlichen und dem stärksten geistigen Farbreiz und ist damit auch die immateriellste aller Farben (Weiß einmal ausgenommen). Psychologisch gesehen, ist Blau die Farbe der Introversion.

Blau ist, sowohl in seiner symbolischen Bedeutung als auch in seiner psychologischen und therapeutischen Wirkung, das genaue Gegenteil von Rot. Als »kalte«, das heißt, nicht anregende, sondern zusammenziehende Farbe hat es die Wirkung, die warmen Energien von Rot-Orange-Gelb zu verlangsamen oder zu mildern. Durch seine Beziehung zur geistig-spirituellen Ebene wird Blau mit Werten wie Wahrheit, Erkenntnis, Weisheit, Hingabe, Treue und Beständigkeit assoziiert. Aus Blau geht die höchste Form der Inspiration hervor, und daher ist es die Farbe *per se* für spirituell veranlagte Menschen. Dies trifft besonders auf die dunkleren Nuancen zu, wie Indigo, das die Intuition und übersinnliche Wahrnehmung fördert.

Die Blau-Schwingung hebt das Bewußtsein auf eine spirituelle Ebene und ist daher von großer Bedeutung für die Meditation und geistige Heilung.

Durch seine Verbindung zur Farbe des Himmels und des Meeres gewinnt Blau die Dimension der unbegrenzten Ferne und Tiefe und steht symbolisch für das Gemüt. Durch die Transparenz von Himmel/Luft und Meer/Wasser erhält Blau auch seine Qualität der Reinheit, Klarheit und geistig-seelischen Durchdringung. In seinem geistigen Aspekt spiegelt sich stärker die Beziehung zur Höhe des Himmels, in seinem seelischen Aspekt die Tiefe des Meeres. Das lichte Blau vermittelt dem Menschen eine Ahnung der Transzendenz und Unendlichkeit, während das dunklere Meeresblau, wie Ultramarin, die Farbe des Fernwehs und der Sehnsucht, Ausdruck von unserer »Suche nach dem Wunderbaren« ist. Als Sinnbild der größten Tiefe ist Blau auch die Farbe des weiblichen Prinzips und der Großen Mutter, hier kann es bis zum Nacht- oder Schwarzblau reichen. Das Unbewußte, die Bereiche von Traum und Irrealität, Mystik und Meditation werden hiervon angesprochen. Ihnen allen gemeinsam ist das Moment der Unendlichkeit, und so ist Blau im Buddhismus auch zur Symbolfarbe für unendliche Ruhe und grenzenlosen Frieden geworden.

Blau ist eine beruhigende, lindernde und kühlende Farbe mit der Eigenschaft des Zusammenziehens. Es hat einen entspannenden Einfluß auf Geist und Nerven und ist gut gegen Schlafstörungen zu visualisieren. Es hilft bei geistiger Erschöpfung und Übermüdung und wirkt auch besänftigend auf Menschen, die latent aggressiv oder leicht erregbar, überaktiv oder zu ungeduldig sind. Allgemein kann es zerrüttete Nerven wieder stärken und geistige Anspannung mildern. Blau schenkt Ruhe und Sicherheit, wirkt aber trotzdem auf seine Weise anregend auf den Geist und verführt nicht zur Untätigkeit, da es auch nach der Wahrheit am Grunde oder hinter den Dingen sucht.

Dies können wir uns leicht veranschaulichen, wenn wir mitten aus unseren Aktivitäten heraus das Blau des Himmels mit seinen ziehenden Wolken, die gekräuselte Wasseroberfläche eines Sees oder die stetige Wellenbewegung des Meeres betrachten. In der Tiefe der Wesensnatur von Blau gelangen wir zu einer Ebene des Bewußtseins, die uns mit der Tiefe unseres eigenen Wesens verbindet und uns Hektik und Angst ablegen läßt, weil wir darin unsere innere Verbundenheit mit der Welt erleben und durch diese Erfahrung des Eins-Seins Ruhe finden können.

Blau hat, auch schon durch seine Verbindung mit Himmel und Wasser, einen entgrenzenden Charakter, der von Lüscher als eine »entspannte Empfindsamkeit, die das Ideal der Einheit sucht« umschrieben wird. Dieses Grundverlangen des Menschen richtet sich physiologisch auf Ruhe und psychologisch auf Frieden und Zufriedenheit, und dies erklärt auch das gesteigerte Bedürfnis nach Blau bei Erschöpfung und Krankheit. Wenn wir Blau bei meditativen Übungen verwenden und es anstelle einer beruhigenden eine zu diesem Zeitpunkt unerwünschte einschläfernde Wirkung haben sollte, können wir danach kurz Gelb oder Orange visualisieren.

Blau kann jedoch auch eine sehr konservative Farbe sein, da sie mit Überlegung, Selbstbeobachtung und Innenschau zu tun hat. Vor allem die mittlere Farbnuance, wie Kobaltblau, korrespondiert mit einer ganz klaren, rational geprägten Geistigkeit. Entsprechend können Menschen mit einer überbetonten Blau-Neigung rigide und leicht selbstgerecht sein. Wird das Vertrauen in die Welt und die damit verbundene innere Sicherheit erschüttert, kann Blau dann recht negative Eigenschaften hervorkehren, wie Launenhaftigkeit, Apathie oder – als Kehrseite von Treue und Bindungsfähigkeit – ein Anklammern an Erfahrungen und Werte der Vergangenheit.

Umgekehrt enthält Blau aber auch ein durchaus unkonventionelles Moment. Dies rührt aus der Erkenntnis, daß der Mensch nicht völlig durch die Materie und seinen Körper bestimmt wird. Auf der Suche nach neuen und weiteren geistigen Horizonten läßt Blau daher oft überkommene Normen und Maßstäbe hinter sich und strebt nach einer größtmöglichen Freiheit von Begrenzungen.

Ein Fehlen von Blau in der Aura oder die Ablehnung des hellen Blau ist als ein Zeichen für innere Unruhe und die Unfähigkeit zu tieferer Kommunikation, auch mit sich selbst, zu deuten. Dagegen läßt die Ablehnung von Indigo – ebenso wie von Violett – auf ein fehlendes Interesse an Spiritualität schließen. Denn mit den dunkleren, meeres- oder nachtblauen Tönen, wie vor allem Indigo, wird die spirituelle Prägung von Blau noch vertieft und bekommt gleichzeitig durch eine höherentwickelte Intuition einen stärkeren Bezug zur Realität des Lebens. Durch eine größere Empfänglichkeit werden die Wahrnehmungsfähigkeiten erweitert. Aufgrund einer Vertiefung des intuitiven Verstehens spielt Indigo eine besondere Rolle auf ideellem und künstlerischem Gebiet und eignet sich daher für alle Kunstschaffenden.

Ebenso wie Indigo unseren geistigen Horizont erweitert, kann es uns auch von Ängsten und Komplexen, von Frustration und Gehemmtheit befreien und unsere innere Energie ungehindert fließen lassen. Als stark reinigende und kühlende Schwingung wirkt Indigo über die Zirbeldrüse auf die mentalen und psychischen Kräfte des Menschen ein. Durch seine Regenerationsfähigkeit hat es eine starke Wirkung auf den Geist und die Nerven und ist heilend bei allen damit verbundenen Störungen. Es hilft dabei, eine Beziehung zum Unbewußten herzustellen und kann durch seinen Einfluß auf negative Konditionierung dazu beitragen, mehr Toleranz und ein positiveres Bewußtsein zu entwickeln. Wie schon bei den helleren Blautönen erwähnt, läßt Indigo den Lebensprozeß in seiner tieferen Dimension klarer erkennen und unterstützt damit die Erfahrung eines Gefühls von Einheit.

Als negative Entsprechung dazu könnte Indigo jedoch auch fixe Vorstellungen und Rückzugstendenzen fördern, Verantwortung ablehnen lassen und damit in einen Zustand der Isolation führen. In diesem Fall wäre die Gefahr von Dogmatismus und geistiger Intoleranz gegeben, doch kann die Schwingung von Indigo selbst zur Lenkung dieser Energien eingesetzt werden.

## Die Farbe Violett

Violett liegt am entgegengesetzten Ende des Farbenspektrums wie Rot. Dies ist die höchste Lichtschwingung und entspricht dem spirituellen Strahl, der auf das Scheitel-Chakra einwirkt. Durch die Verbindung von Blau- und Rotpol werden hier zwei äußerste Gefühlsgegensätze miteinander vereint: Weisheit und Liebe, Erkenntnis und Leidenschaft, Geist und Körper, Himmel und Erde, Göttliches und Menschliches. Als die mit dem obersten Chakra korrespondierende Farbe verkörpert Violett damit die Einheit der Gegensätze von Leben-Kraft-Feuer-Vorwärtsbewegung einerseits und Geist-Ruhe-Gelassenheit-Stillstand andererseits. In dieser Funktion ist Violett auch eine Farbe des Maßes und der Mäßigung. Wenn die bei jeder Mischfarbe mögliche Zwiespältigkeit und Irritation harmonisiert werden kann, stellt Violett eine Farbe des völligen Gleichgewichts dar: Ausdruck des Wunsches, den Gegensatz zwischen Subjekt und Objekt aufzuheben, die Magie in der Beziehung zur Welt zu erleben, durch völlige Identifikation die Erfahrung einer »participation mystique« zu machen. Die ungeschiedene Einheit von Rot/Blau entspricht einem androgynen Zustand, und umgekehrt kann die Ablehnung von Violett eine unbewußte Angst vor dem tieferen Wunsch nach Verschmelzung bedeuten.*

Auch Violett hat sieben Aspekte: Es vitalisiert die spirituelle Natur des Menschen mit lebensspendender Kraft und belebt und erweitert das seelische Bewußtsein durch seine intensive, aber nicht physische Schwingung, obwohl auch die physischen Sinne für seine Einwirkung sehr empfänglich sind. Ohne den Einfluß des violetten Strahls würde die Seele sozusagen verkümmern. Violett, vor allem in seinem mehr materiellen Aspekt des Purpur, hat einen stark heilenden Effekt und wirkt direkt auf Gehirn und Nerven. Bei Krankheiten wird es besonders wirksam gegen geistige und nervöse Störungen, Neurosen, Neuralgien und Epilepsie eingesetzt. Violett ist eine sehr heilsame Farbe, um das geistige Gleichgewicht und die innere Ruhe wiederherzustellen. Sie ist besonders für Kopfarbeiter, sehr sensible und psychisch veranlagte Menschen geeignet. Zudem besitzt sie eine große reinigende Kraft. Sie wirkt stimulierend auf die Ausbildung von psychischen und spirituellen Fähigkeiten, denn sie ist, neben Blau und vor allem in der Nuance Amethyst, die Symbolfarbe für Spiritualität. Amethyst fördert als höchste Lichtschwingung Intuition und Inspiration. Der violette Strahl hat eine nährende Wirkung auf unseren höheren Geist. Er inspiriert zu den großen Idealen der Mensch-

* Vgl. dazu Riedel. op. cit., S. 131 f.

heit, zu Kunst, Dichtung und Musik, und zu dem Bedürfnis, anderen zu helfen und zu dienen. Violett in der Aura zeigt Idealismus und spirituelle Eigenschaften der betreffenden Person an. Seine vollkommene Ausformung findet sich in dem großen Mystiker und Lehrer, Seher und Propheten, Dichter und Musiker verkörpert.

In Violett wird das Vertrauen von Blau und die Intuition von Indigo noch weitergeführt und durch die Inspiration ergänzt, die Neigung zu Visionen und Träumen. Damit kann Violett die Antriebskräfte *hinter* den Erscheinungsformen erkennen und sich selbst in einem größeren Zusammenhang sehen. Dadurch ist Violett auch sehr empfänglich für die Schwingungen seiner Umgebung und anderer Menschen. Da es viel Zeit und Raum zum Alleinsein braucht, um über seine inneren Erfahrungen zu reflektieren, kann es nur für sich allein ein inspirierendes Umfeld schaffen. Menschen, die Violett bevorzugen, sind in der Regel sehr sensibel, können aber auch leicht elitär sein; dies korrespondiert mit dem geistigen Machtaspekt von Purpur. Außerdem besteht in ihrem Elfenbeinturm oder Purpurschneckenhaus die Möglichkeit eines raschen Stimmungsumschwungs mit den Stadien Ekstase-Irritation-Depression. Während der inneren Natur von Violett eigentlich eine große Freundlichkeit, Selbstlosigkeit und Hilfsbereitschaft entspricht, kann dann zu anderen eine distanzierte Haltung eingenommen werden.

Die Betonung des Nicht-Materiellen bei Violett kann manchmal auch mit der Gefahr verbunden sein, sich in die bloße Vorstellung zu flüchten und Phantasiewelten zu erschaffen. Wunschdenken tritt dann an die Stelle von Aktivität, und eine zu abgehobene Spiritualität führt zu mangelndem Unterscheidungsvermögen und Unsicherheit, wenn sie mit der Realität konfrontiert wird. Dann kann ein Übermaß an Violett Depression oder sogar Verzweiflung hervorrufen.

Der erwähnte fehlende Realitätsbezug mag sich möglicherweise darin widerspiegeln, daß die Farbe Violett nur relativ selten in der Natur vorkommt, zum Beispiel bei Sonnenuntergängen im Herbst und Winter oder bei Blumen wie Veilchen, Flieder und der Herbstzeitlose, die an den jahreszeitlichen Übergängen blühen.

Bei bewußtem Gebrauch bedeutet die Einbeziehung der Farbe Violett jedoch eine außerordentliche Unterstützung für Konzentrations- und Meditationsübungen. Durch seine Verbindung mit der Hypophyse stimuliert Violett das intuitive Zentrum der geistig-spirituellen Wahrnehmung. Visualisierungen mit Violett sind besonders wirksam bei Schlafstörungen, Migräne und Depression, bei geistiger Überanstrengung und einem allgemein überspannten Lebensrhythmus. Seine beruhigende und ausgleichende Wirkung auf erschöpfte Nerven teilt Violett mit den anderen kühlenden Farben, Blau und Indigo. Nervöse Anspannung entsteht aus mangelndem Gleichgewicht und der Weigerung, bestimmte Lebensprozesse zuzulassen. Die kühlen Farben verstärken die spirituelle Seite des Menschen, was zu größerem Vertrauen und bewußterer Wahrnehmung der Sinngebung des Lebens führt.

## Kleiner Exkurs zu Weiß und Schwarz

Als Symbol für das Licht muß auch die Farbe Weiß in Zusammenhang mit Farbmeditationen erwähnt werden. Als »unbunte Farbe« hat Weiß, wie sein Gegenpol Schwarz, eine Sonderstellung als Grenzwert der Farbigkeit inne, doch es kann ebenso als die Summe aller Farben, als die

Fülle des ungebrochenen Lichtes betrachtet werden. Für Goethe war es als Ausdruck der *Idee* des reinen Lichtes daher eine »Superfarbe«. Traditionell wurde und wird Weiß assoziiert mit Helligkeit und Klarheit, Unschuld, Jugend und Frische, Reinheit oder Reinigung. In West und Ost galten die weißen Blüten der Lilie und des Lotos als Lichtsymbol und Ausdruck für die Überwindung von Unreinheit. In Ägypten wurde Weiß als Sinnbild der Sonne und des Sonnengottes Ra verehrt. Das »weiße Licht« im Buddhismus, zum Beispiel in der Symbolik des Tibetanischen Totenbuches, steht für Bewußtseinsklarheit und Erleuchtung.

Eine übermäßige Identifikation mit Weiß oder dem eigenen »Lichtcharakter« kann nach K. B. Vollmar[*] den Menschen leicht erdrücken, da sie aufgrund der Illusion von Reinheit oder gar Heiligkeit für die eigene Individualität keinen Raum mehr läßt. Der reine Geist bekämpft hier die mehr oder weniger bewußten, mehr oder weniger verdrängten Triebe. Weiß wird damit zum Erlösungssymbol von der irdischen Wirklichkeit im Körper. Das Weiße ist zwar weise, aber nicht vollständig, denn die Weis(s)heit wird auf Kosten des Körpers erreicht. Bei Farbmeditationen ist es daher ratsam, nicht auf das »weiße Licht« zu meditieren, sondern – wie im Eingangsbeispiel beschrieben – sich vorzustellen oder zu visualisieren, daß die Farben des Regenbogens aus dem reinen weißen Licht hervorgehen und sich wieder in dieses auflösen. Dann spiegeln sich in Weiß Anfang und Ende, Fülle und Leere sowie die Einheit beider wider, und es steht für Ausdehnung, für Öffnung und schafft eine Offenheit des Raumes.

Ist Weiß der körperlose Geist, dem gewissermaßen die Erdung fehlt, so wäre Schwarz in diesem Kontext die

[*] Vgl. dazu Klausbernd Vollmar: *Das Geheimnis der Farbe Weiß* – Unschuld und Verführung (Südergellersen 1989), S. 116 f.

Symbolfarbe für den Körper. Als eine Verkörperung des Sonnengottes Ra verehrten die Ägypter *Buchis,* einen weißen Stier, dem sie jedoch in echter Weisheit einen schwarzen Kopf gaben.* Schwarz als die Farbe des Geheimnisvollen und Unerklärlichen steht hier in Verbindung mit dem Weiblichen, das durch seine Assoziation mit dem Wasser oft auch blauschwarz oder grünschwarz dargestellt wird.

* Vgl. Vollmar, op.cit., S. 115.

*Übersicht über die Farbenergien nach ihren Wirkungsebenen*

| Wirkung | physische Ebene | geistige Ebene | spirituelle Ebene |
|---|---|---|---|
| beruhigend | Grün | Indigo<br>Grün | Nachtblau |
| (wieder-)<br>belebend | Orange | Königsblau<br>Smaragdgrün | Gold<br>Rosa |
| stimulierend-<br>inspirierend | Zinnober<br>Scharlach | Gelb<br>Violett | Amethyst<br>Purpur<br>Violett |

## Kapitel 4

# Zur Einführung in den praktischen Übungsteil: Die Unterscheidung von Farbenatmung, Visualisieren von Farben und Farbmeditation

## *Farbenatmung*

Wie schon im Zusammenhang mit den *Chakras* (Kapitel 2) erwähnt, zieht vor allem das mit der Farbe Orange korrespondierende Sakral-Chakra das *Prana* aus der Atmosphäre an und verteilt seine lebensspendenden Energien im Körper. Während die höhere *Prana*-Kraft nicht durch die Lungen inhaliert wird, ist die Aktivität des zweiten Chakras unmittelbar mit der Atmung verbunden. Durch den Atemrhythmus kann die Aufnahme von Energiepartikeln in den Körper erhöht werden. Tiefe rhythmische Atmung ist daher von sehr großem Wert, da sie uns mit weitaus mehr physischem *Prana* versorgt als die überwiegend mechanische und flache Art der Atmung, die wir gewöhnlich haben.

Die Konzentration unseres Bewußtseins auf eine tiefe und ausgewogene Atmung ist eine sehr wirksame Unterstützung für die Selbstheilung. Zunächst kann eine tiefe rhythmische Atmung der Zerstreuung entgegenwirken und unsere Aufmerksamkeit nach innen lenken, und dieser Zustand der geistigen Ruhe wird auch zu einer größeren Entspannung beitragen. Beim Einatmen können wir uns klarmachen, daß wir mit unserem Atem nicht nur Luft und Sauerstoff, sondern auch die darin enthaltene *Prana*-Energie in uns aufnehmen. Ebenso können wir mit einer bewußten Ausatmung Ablagerungen oder schädliche Ballaststoffe sowohl auf physischer als auch auf psychischer Ebene ausscheiden. Ganz besonders nutzbringend ist die Tiefenatmung in Verbindung mit Farbenergien.

Das Atmen von Farbe bezieht die naturwissenschaftliche Tatsache ein, daß von der Sonne, der Erde, den übrigen Planeten usw. ständig Farbenergien ausstrahlen. Diese Übung arbeitet mit der Konzentration auf diese positiven Schwingungen, die bewußt eingeatmet werden sollen, damit sie unser ganzes Wesen durchdringen können. Umgekehrt strahlen wir auch selbst über die Aura Farbschwingungen aus, die unserer inneren Natur entsprechen und ein Spiegel unserer Harmonie oder Disharmonie, unserer Stärken und Schwächen sind. Demnach können diese Farben Vitalität und Klarheit ausstrahlen oder auch von grauen Gedanken-Wolken getrübt oder verdunkelt sein. Durch Bewußtseinsarbeit und geeignete Übungen können wir darauf Einfluß nehmen. Farbenatmung hilft das Bewußtsein zu erweitern und die psychischen Fähigkeiten zu sensibilisieren. Wir können dadurch eine tiefgehende geistige und auch körperliche Wiederbelebung mit Energie erfahren.

Diese einfache Übung kann auch jeder Visualisierung oder Meditation mit Farben vorausgeschickt werden. Wir werden dadurch mit den Wesenseigenschaften der Farben vertrauter und können uns die jeweilige Farbe besser vorstellen. Eine möglichst große körperliche und geistige Entspannung bereits zu Beginn der Übung wirkt sich außerordentlich unterstützend aus.

## Visualisieren von Farben (Wahrnehmungs- und Bewußtseinsübungen mit Farben)

Farbvisualisierungen können ganz allgemein zu einer Stärkung der Konzentrationskraft und damit zu einer bewußteren Wahrnehmung beitragen, die sich von der Erfahrung der Farbe auch auf andere Phänomene übertragen wird. Außerdem lernen wir mit Hilfe dieser bewußten Imaginationstechnik unsere Vorstellungskraft beherrschen und lenken, damit wir uns nicht immer weiter im Schwungrad unserer eigenen unbewußten und gewohnheitsmäßig rotierenden Assoziationen drehen müssen.

Beim Visualisieren stellen wir uns eine Farbe bewußt vor und versuchen, sie vor uns zu sehen und ihre Qualität zu erspüren. Wenn uns dies gelingt, können wir uns mit ihr identifizieren und ihre heilsamen Schwingungen in uns aufnehmen, was meist über den Weg des Atems geschieht.

In der Regel werden wir diese Farbe zum Ausgleich von einem energetischen Mangel oder Überschuß bewußt auswählen. Wir dürfen jedoch nicht zwanghaft versuchen, diese Vorstellung einer ganz bestimmten Farbe um jeden Preis herbeiführen zu wollen. Wenn wir die Farbe dagegen entspannt in uns oder vor uns entstehen lassen, können wir ihre jeweiligen Eigenschaften wahrnehmen und nachempfinden, ob sie beispielsweise wärmend oder eher kühlend, anregend oder beruhigend wirkt. Dies gilt ganz besonders für das Imaginieren von Grün- und Blautönen – obwohl natürlich gerade sie es sind, die uns am ehesten in einen Zustand der Entspannung versetzen können. Ebenso können wir uns auch die warmen Rottöne unter Umständen leichter vorstellen, wenn wir uns in einer heiteren und angeregten Stimmung befinden, wo wir ihre Lebensenergie weniger als sonst brauchen.

Wenn wir mehrere Farben hintereinander visualisieren, beispielsweise in der Reihenfolge des Regenbogens, können wir darauf achten, bei welchen Farben uns dies besonders leicht- oder schwerfällt oder ob es uns bei einigen Farbtönen überhaupt nicht gelingen will. Vermutlich wird es sich dabei um Aspekte unseres Bewußtseins und unserer Persönlichkeit handeln, die unterentwickelt sind. Es ist sehr wichtig, gerade auch mit solchen Farben zu arbeiten und dadurch gegebenenfalls den Grund für die negative Verbindung zu dieser Farbe oder für die Schwierigkeit zu finden, eine Beziehung zu ihr herzustellen.

## Farbmeditation

Durch Farbenatmung und Visualisierungsübungen können wir eine Beziehung zu Farben, zu ihren Eigenschaften und Wirkungen herstellen. Wenn wir uns mit ihren positiven Schwingungen identifizieren und diese nutzen, können wir von der psychisch-mentalen Ebene her unsere eigenen Heilkräfte erwecken und damit wesentlich zu inneren Heilungsprozessen beitragen.

Im Unterschied zur Farbvisualisierung ist bei der Farbmeditation keine Farbe vorzustellen, sondern es geht vielmehr darum, Farbe in sich entstehen und sich entwickeln zu lassen, sie mit allen Sinnen zu spüren und sie geistig zu erleben. Am Anfang der Übung empfiehlt es sich auch hier, tief und bewußt zu atmen, wobei mit jedem Atemzug beim Einatmen Lebensenergie aufgenommen wird und beim Ausatmen Ablagerungen, Ballaststoffe usw. aus Körper und Geist entfernt werden.

Bei Farbmeditationen öffnen wir uns dem tieferen Wesen von Farben und nehmen intuitiv wahr, ob und in welchem Maße wir uns innerlich auf ihre Schwingungen einstellen können. Wenn es uns bei manchen Farben nur gelingen sollte, eine dunkle oder trübe Nuance ohne Leuchtkraft in uns entstehen zu lassen, mag dies ein Hinweis auf eine Unklarheit oder Störung in demjenigen Bereich sein, wofür die betreffende Farbe symbolisch steht. Wir können damit vielleicht verborgene Probleme oder tiefere Bedürfnisse in uns erkennen und diese akzeptieren lernen, was einen heilenden Ausgleich zwischen den verschiedenen Elementen unserer Persönlichkeit schafft.

Wenn wir die Qualitäten von Farben auf diese Weise in uns aktivieren können, werden wir offener für die positiven Aspekte des Lebens, die wir selbst in schwierigen Situationen noch wahrnehmen können. Damit berührt Farbmeditation auch eine spirituelle Dimension unserer Existenz und ermöglicht uns eine tiefere Selbsterkenntnis.

## Zur Körperhaltung bei meditativen Farbübungen

Während es für die Farbenatmung günstig ist, sie in sitzender Haltung vor dem geöffneten Fenster oder im Freien zu praktizieren, können Farbmeditationen und -visualisierungen sehr gut im Liegen ausgeführt werden, da hierbei möglicherweise schneller eine größere Entspannung erreicht werden kann. Wird dadurch jedoch eine Neigung zum Einschlafen gefördert, sollte natürlich besser eine bequeme Haltung im Sitzen gewählt werden.

Bei der Entspannungshaltung im Liegen konzentrierst du dich zunächst auf deine Füße. Empfinde die Spannung darin – laß diese los – entspanne dich.

Geh langsam weiter nach oben über deine Waden und Knie, die Oberschenkel bis zu den Hüften. Spüre, wie deine Beine schwer werden, wenn du die Spannung aus ihnen entläßt.

Konzentriere dich dann auf die Region deines Bauches, des Brustkorbs und des Rückens. Atme ganz langsam, tief und regelmäßig und laß den Atem in deinen Bauch strömen. Spüre dem Gefühl deines Rückens auf dem Boden nach – spüre, wie du von ihm gestützt wirst. Laß dich in den Boden sinken.

Richte dein Gewahrsein dann auf deine Schultern, deine Arme und Hände – und nimm die Spannung darin wahr. Laß deine Hände, Arme und Schultern ganz locker werden und spüre, wie sie schwer werden, wenn du sie nicht mehr bewußt fest-hältst, sondern der Boden unter dir sie aufnimmt.

Führe dann die gleiche Entspannungsübung mit deinem Hals und deinem Kopf durch. Laß nacheinander Augen, Ohren, Nase, Mund, Lippen und Zunge locker, fast schlaff werden. Atme mehrmals tief ein und aus und laß alle eventuell in dir noch vorhandenen Spannungen los, bis du dich ganz unbeschwert und leicht fühlst.

## Kapitel 5

# FARBENATMUNG

## *Allgemeine Übungsanleitungen*

1. Setze dich in bequemer Haltung vor ein geöffnetes Fenster. Beuge dich dann nach vorn und lasse alle Luft aus deinen Lungen entweichen. Dies hilft dir, dich zu entspannen und »leer« zu werden, so daß du offen für Neues bist.

Setze dich nun aufrecht hin und atme langsam ein. Lenke deine Aufmerksamkeit auf dein Drittes Auge oder Indigo-Chakra, wenn du deine Konzentrationsfähigkeit steigern willst. Halte den Atem an und zähle dabei ruhig und gleichmäßig von 1 bis 21. Atme dann tief aus. Du wirst bald feststellen, daß sich dieser Atemrhythmus wie von selbst einstellen wird.

Folge dem Atem bewußt auf seinem Weg in den Körper nach. Spüre, wie er in den Bauch hineinströmt, und versuche ihn dort solange wie möglich zu halten. Folge auch bewußt dem Weg deines Atems, wenn er deinen Körper wieder verläßt. Wenn du diese Methode der langsamen und rhythmischen Tiefenatmung beherrschen lernst, wirst du dich bald ruhiger und entspannter fühlen.

Wenn du diese Übung einige Male wiederholt hast, kannst du die Tiefenatmung mit einer Farbvisualisierung verbinden. Betrachte dafür einen Gegenstand in der von dir gewählten Farbe. Schließe die Augen, wenn du seine Farbschwingungen visuell ganz in dich aufgenommen hast. Stelle dir die betreffende Farbe im Geiste vor und konzentriere dich auf dieses innere Bild. Atme als erstes wieder tief aus und stelle dir beim Einatmen vor, wie die Farbe in dich einströmt. Halte den Atem solange an, wie dir dies ohne Anspannung möglich ist, und atme dann tief aus. Setze diese Übung einige Minuten fort. Du wirst feststellen, daß Körper und Geist sich ganz für die neue Lebensenergie und Harmonie in der Farbe öffnen, die durch dich strömt.

Wenn du anfangs keine Reaktion erfährst oder zu erfahren glaubst, solltest du dich nicht entmutigen lassen, sondern diese Übung regelmäßig weiter fortsetzen. Ihr Erfolg wird sehr stark von der Entwicklung deiner Konzentrationsfähigkeit abhängen.

2. Farbenatmung kann gezielt zu Heilzwecken eingesetzt werden, wobei die Farbenergie in verschiedene Bereiche des Körpers gelenkt wird. Damit du eine Empfindung für das Wirken der Farben bekommst, solltest du dich bei dieser Übung am besten mit dem ganzen Spektrum vertraut machen.

Beginne mit der Tiefenatmung und atme als erstes die Farbe Rot ein. Stelle dir vor, wie sie von der Luftröhre aus dein Zwerchfell erfüllt und langsam in den Bauch strömt. Halte den Atem etwas an und atme die Farbe Rot dann langsam wieder aus. Wiederhole diese Übung einige Male, und gehe dann zur nächsten Farbe über. Achte darauf, bei welcher Farbe du die geringsten Widerstände zeigst und womit du daher am leichtesten arbeiten kannst.

Wenn du schon über eine gewisse Erfahrung mit den einzelnen Farben verfügst, kannst du diese Übung in der folgenden Weise abwandeln: Atme als erstes diejenige Farbe ein, mit der dir dies ohne Probleme gelingt, und lasse sie diesmal in deinen ganzen Körper strömen. Beginne mit den Atmungsorganen und gehe weiter zu den anderen Organen – Herz, Leber, Magen-Darm, Nieren-Blase, den Genitalien. Versuche dabei wahrzunehmen, ob bei irgendwelchen Organen oder Körperteilen Blockierungen auftreten, und lenke an diese Punkte gezielt die energetische Schwingung der Farbe Orange oder Gelb.

Je vertrauter du mit den heilenden Eigenschaften der einzelnen Farben wirst, desto gezielter kannst du ihre Schwingungen nach deinen individuellen Bedürfnissen einsetzen. So ist es beispielsweise sehr heilsam, in den oft verspannten Nacken- und Schulterbereich die Heilenergien von Rot und Orange oder Gelb zu senden. Rot wirkt dabei erwärmend und anregend, während Gelb/Orange zusätzlich Energie schenkt. Zusammen wirken beide entspannend.

Zur Verbesserung der Durchblutung kann die Atemübung abwechselnd mit den Farben Rot und Blau durchgeführt werden, wodurch eine Verbindung zum Blutkreislauf hergestellt wird. Konzentriere dich beim Einatmen auf die Farbe Rot und beim Ausatmen auf die Farbe Blau. Durch diese Übung wird sich allgemein auch dein Atemrhythmus verbessern.

## Rhythmisches Heilatmen mit Farben

*Den jeweiligen Bedürfnissen von Körper-Seele-Geist entsprechend, können alle sieben Strahlen des Regenbogens eingeatmet werden. Dabei ist zu beachten, daß die ersten drei Farben, Rot, Orange und Gelb, magnetisch sind und von der Erde aus aufwärts zum Solarplexus hin strömend vorgestellt werden sollten. Die drei oberen Farben, Blau, Indigo und Violett, sind dagegen elektrisch und werden von oben abwärts strömend eingeatmet. Der mittlere grüne Strahl tritt horizontal in den Körper ein.*

Beginne bei der folgenden Übung mit dem Visualisieren des weißen Lichtes, das mit dem Atem durch den Kopf in deinen Körper eintritt und deinen ganzen Organismus bis zu den Finger- und Fußspitzen durchdringt. Halte diese Vorstellung etwa zwei Minuten lang und visualisiere dann im Einklang mit der Atmung die der energetischen Störung entsprechende Farbe. Führe pro Minute zwischen 12 und 18 rhythmische Ein- und Ausatmungen durch.

Stelle dir bei Rot, Gelb und Orange vor, daß diese Farben aus der Erde ausströmen, durch die Fußsohlen in deinen Körper eintreten und sich von dort in die einzelnen Organe deines Körpers verteilen. Die Farben des roten Spektralbereichs sollten etwa zwei Minuten visualisiert werden.

Blau, Indigo und Violett treten dagegen von oben über das Scheitel-Chakra in den Körper ein und verteilen sich von dort aus in die einzelnen Organe. Aufgrund ihrer Schwingungsfrequenz sollten die Farben des blauen Spektralbereichs etwa vier Minuten visualisiert werden.

Stelle dir Grün als horizontalen Strahl vor, der mit dem Atem durch den Nabel in deinen Körper eintritt. Er breitet sich wellenförmig eine Minute im oberen Teil und eine Minute im unteren Teil deines Körpers aus.

Vergiß nicht, zum Abschluß wieder etwa zwei Minuten lang in ein Bad aus weißem Licht einzutauchen.

Diese Form des heilenden Atmens ist auch ganz gezielt zur energetischen Harmonisierung der Chakras einzusetzen.

## Kapitel 6

# DAS VISUALISIEREN VON FARBEN

## (Gelenkte Imagination für Wahrnehmungs- und Bewußtseinsübungen mit Farben)

### Allgemeine Übungsanleitungen

Als Vorbereitung für das Visualisieren von Farben ist es immer sehr unterstützend, zur Entspannung mit der im letzten Kapitel beschriebenen Tiefenatmung zu beginnen. Bei den meisten Übungen sind ohnehin die Techniken des Farbenatmens und -visualisierens miteinander verbunden, da sie sich bei der Energieaufnahme wirkungsvoll ergänzen.

Stelle dir die gewählte Farbe in Form eines Ballons vor, der immer größer wird und farbige Strahlen aussendet, die du mit dem Atem in deinen Körper aufnimmst. Versuche, dich mit ihren Schwingungen zu identifizieren und dadurch ihre individuellen Eigenschaften nachzuempfinden. Im Unterschied zur Farbmeditation arbeitest du hier ganz bewußt mit deiner Imaginations- und Konzentrationskraft. Wie schon bei der Farbenatmung beschrieben, kannst du auch bei dieser Methode auf deine Gefühle achten, welche Farbe zu visualisieren dir besonders leicht- oder schwerfällt und welche Beziehung du zu der jeweiligen Farbe und dem Bereich hast, den sie vertritt.

Wenn du mit allen Regenbogenfarben arbeiten willst, kannst du die folgende Visualisierung durchführen: Stelle dir als erstes eine rote Wolke vor, die im Raum vor dir schwebt, und visualisiere dann nacheinander auch Wolken in der Reihenfolge der anderen Regenbogenfarben: Orange und Gelb – Grün – ein helles und ein dunkles

Blau – Violett. Wenn du die Farben so klar visualisiert hast, daß du sie deutlich sehen kannst, stellst du dir vor, daß du in diese Farbwolken hineinspazierst. Du bist nun ganz von ihnen umgeben und kannst ihre Energie in dir spüren bzw. du empfindest keine Trennung mehr zwischen dir und den Farben.

Vielleicht wirst du die Erfahrung machen, daß dir eine solche Entgrenzung leichter fällt, wenn du dich jeweils nur auf die Farben des roten oder des blauen Spektralbereichs beschränkst.

## Übung zur Energieaufnahme durch Atmen und Visualisieren von Farbe

*Diese Technik, die Methoden der Imagination und des bewußten Atmens miteinander verbindet, dient dazu, die verschiedenen Energien des Farbspektrums in den Körper aufzunehmen, das heißt: Farbe wird hier als Mittel eingesetzt, um Lebensenergie aufzunehmen. Es ist empfehlenswert, sich v o r dieser Übung nochmals mit den charakteristischen Merkmalen jeder Farbe vertraut zu machen.\**

Setze dich bequem hin und schließe die Augen. Entspanne dich und konzentriere deine Aufmerksamkeit auf den Atem. Erlebe dein Eingebundensein in die natürliche Ordnung durch die Erfahrung, daß die organischen Prozesse in dir den organischen Abläufen in der Natur entsprechen.

Konzentriere dich weiter auf deine Atmung. Spüre, wie beim Einatmen die Lebensenergien des Universums in

---

\* Vgl. zur physiologischen Wirkung von Rot und zum Farbenatmen mit Rotorange das Kapitel »Rot in der Magie des Heilens« in Klausbernd Vollmar: *Das Geheimnis der Farbe Rot* (Edition Tramontane).

dich einströmen und wie beim Ausatmen alle Ängste, Unsicherheiten und Enttäuschungen von dir weichen. Finde einen angenehmen und natürlichen Atemrhythmus heraus. Versuche, keinen Gedanken und Assoziationsketten zu folgen. Sobald du die Herrschaft über deinen Geist erlangt hast und dich durch die rhythmische Lebenskraft deiner Körperatmung von innen heraus entspannt und erfrischt fühlst, kannst du mit der folgenden Technik der Energieaufnahme beginnen.

Visualisiere, immer noch mit geschlossenen Augen, eine rote Energiekugel, die über deinem Kopf schwebt. Stelle dir vor, daß diese rote Energie beim Einatmen in deinen Körper fließt. Atme tief, aber ganz entspannt ein und spüre, wie dein Körper diese Energie aufnimmt. Spüre, wie das Rot in deine Lungen gelangt und sich von dort in deine Beine, deine Arme, deine Schultern und deinen Kopf ausdehnt. Spüre, wie durchlässig du wirst, wenn die rote Energie durch jede Pore deines Körpers strömt. Spüre, wie beim Ausatmen alle Gifte deiner Sorgen und Schmerzen, unter denen du leidest, aus deinem Körper ausgeschieden werden. Atme die Rot-Energie siebenmal ein.

Stelle dir nach der siebten rhythmischen Einatmung von Rot eine orange Energiekugel vor, die über deinem Kopf schwebt. Atme diese orangefarbige Energie siebenmal ein und spüre dabei, wie die Farbe Orange durch deinen Körper strömt. Spüre, wie beim Ausatmen deine Ängste und Unsicherheiten weggespült werden.

Atme dann siebenmal die Energie der Farbe Gelb ein und aus, und setze dies durch alle Farben des Spektrums über Grün, Blau, Indigo bis hin zu Violett fort. Spüre beim Einatmen, wie dein Körper die jeweilige Farbe ausstrahlt, die du gerade absorbierst. Spüre, wie die Eigenschaften der Farbe jede Pore deines Körpers erfüllen. Spüre bei jedem Ausatmen, wie dein Körper die Gifte deiner Denk- und Gefühlsmuster ausscheidet. Atme jede Farbe siebenmal ein und aus und setze deine rhythmische Atmung fort, nachdem du mit Violett geendet hast.

Stelle dir dann beim Einatmen eine weiße Lichtkugel vor, die über deinem Kopf schwebt. Atme dieses weiße Licht ein und spüre, wie es dein ganzes Wesen reinigt und klärt. Spüre, wie das weiße Licht mit jedem Ausatmen Energieblockaden in deinem Körper auflöst und dein Wesen davon frei macht. Atme auch das weiße Licht siebenmal ein.

Ruhe dich nach dieser Übung eine Weile aus und registriere die Erfahrungen, die du damit gemacht hast: Wie hast du auf diese Technik reagiert? Hat sie dich beruhigt? Oder hat sie dich belebt? Wie hast du dich danach gefühlt?

Du wirst aus dieser Übung nur dann Nutzen ziehen können, wenn du dazu bereit bist, selbst einige Energie hinein zu »investieren«. Durch die bewußte Anwendung der Farbenergien kannst du deine ungesunden Lebensmuster verändern und deine Lebensqualität verbessern.

## Visualisationsübung
### für die Verinnerlichung von Farbe

*Diese Übung ist sehr wirksam, um jede Farbe, die wir für eine bestimmte Heilwirkung ausgewählt haben, in ihrem Wesen zu verinnerlichen und dadurch ganz eins mit ihr zu werden.*

Setze dich in einer für dich bequemen Haltung hin und versuche, dich völlig zu entspannen und leer zu werden. Visualisiere dann die Farbe, die mit deiner momentanen Stimmung, einer zu bewältigenden Aufgabe, einem Ziel, das vor dir liegt, einer Wirkung, die du erreichen willst, übereinstimmt.

Du spürst die Vibration dieser Farbe in deinem ganzen Körper ... du fühlst dich in völliger Übereinstimmung mit ihr ... du nimmst sie mit allen Fasern und Poren deines Körpers in dich auf.

Stell dir vor, daß sich diese Farbe nun überall in dem Zimmer ausbreitet, in dem du dich befindest ... dann in der ganzen Wohnung ... im Haus ... in der Straße ... in der Stadt ... im Land ... auf der Erde ... im Sonnensystem ... in der Galaxis ...

Von dort aus geht sie den umgekehrten Weg und kehrt wieder zu dir zurück. Betrachte diese Farbe nun, ohne irgendeine andere gedankliche Assoziation mit ihr zu verbinden – als reine Energie.

## Konzentrationsübung
### für eine bewußtere Wahrnehmung von Farbe

*Diese Übung dient dem Aufbau unserer Konzentrationskraft. Sie macht uns bewußter für die verschiedenen Farben des Spektrums und gleichzeitig auch für die Vielfalt der geistigen Ablenkungen. Damit soll der Blick auf die Realität ohne vorgefaßte Meinungen ermöglicht werden. Die Betrachtung von Lebenssituationen ohne diese feststehenden Meinungen, ohne Vorurteile, ohne unsere gewohnheitsmäßigen Wertsysteme kann uns dabei helfen, unsere verzerrte Perspektive bei der Wahrnehmung von Realität zu reinigen. Ihre Erfahrung über vorgefaßte Meinungen und Erwartungen führt zur Entstehung einer Phantasiewelt, wo wir alles nur noch von einem subjektiven Standpunkt aus betrachten. Die Realität der Erfahrung geht auf Kosten von Vorstellung und Täuschung verloren. Die Überfülle an äußeren Sinnesreizen führt zu einer Zerstreuung der Kon-*

*zentration. Die folgende Übung soll unsere Konzentrations-*
*fähigkeit wiederherstellen, damit wir uns aus den Fesseln dieser*
*Vorstellungen befreien können, die den Blick auf die Realität*
*verstellen.*

Arbeite mit Farbmustern – aus Papier, Stoff, Glas oder Ple-
xiglas – in den sieben Farben des Regenbogens: Rot –
Orange – Gelb – Grün – Blau – Indigo – Violett.

Lege als erstes das rote Farbmuster vor dich hin. Atme
ein paarmal tief ein und aus und entspanne dich. Richte
dann deine volle Aufmerksamkeit auf die Farbe Rot, ohne
dabei an irgend etwas anderes zu denken. Versuche her-
auszufinden, wo deine Bewußtheit zentriert ist. Schweift
sie ab von der Farbe Rot? Wenn du dies feststellst, versuche dir in Erinnerung zu rufen, wodurch deine Aufmerksamkeit abgelenkt worden ist. Wohin sind deine Gedanken abgeschweift? Sind Assoziationen von Gegen-
ständen in roter Farbe an dir vorübergezogen? An welche
Begebenheiten aus deinem Alltagsleben hast du dich
erinnert? Hast du dir Gedanken über Dinge gemacht, die
du tun könntest – oder die jemand anders tun könnte?
Verfolge, ohne dich deshalb schuldbewußt oder verun-
sichert zu fühlen, deine Schritte entlang des Weges zurück
bis hin zu dem Punkt, wo deine Aufmerksamkeit von dem
roten Gegenstand abgelenkt worden ist. Erkenne, wie oft
dir die reale Gegenwart in gedankliche Abschweifungen
entgleitet.

Lenke deine Konzentration wieder auf das rote Farbmuster zurück und mache es zum Brennpunkt deiner
Aufmerksamkeit. Werde dir dabei deiner Lebensrhyth-
men bewußt. Spüre deinen Atem ... das Einströmen von
Energie in deinen Körper beim Einatmen ... das Ausscheiden von Giften aus deinem Körper beim Ausatmen.
Weite dein Bewußtsein, wenn es dieses Pulsieren deines

Lebensprozesses einmal erkannt hat, auf einen roten Gegenstand aus und laß diese Erfahrung auf dich wirken, ohne deine Wahrnehmung gedanklich definieren zu wollen. Spüre der Empfindung nach, welche Wirkung dieser Gegenstand auf dich ausübt.

Wahrscheinlich fällt es dir anfangs schwer, dich auf den Gegenstand zu konzentrieren. Lenke deine Aufmerksamkeit dann auf deinen Körper zurück. Atme ein paarmal tief ein und aus und entspanne dich. Spüre, wie dich beim Ein- und Ausatmen die Lebenskraft durchströmt und wie dieser Prozeß den inneren Gezeiten des Menschen entspricht.

Lenke nach dieser Erfahrung deines inneren Selbst die Aufmerksamkeit wieder auf den roten Gegenstand zurück. Kannst du dich selbst und dieses Objekt als zwei unterschiedliche Energiemuster wahrnehmen? Welche Beziehung hast du zu diesem Gegenstand? Regt er dich an oder auf, ruft er Widerstand bei dir hervor? Versuche, deine Reaktion darauf so genau wie möglich zu bestimmen.

Geh, nachdem du die Farbe Rot erforscht hast, zur nächsten Farbe des Spektrums über: Orange. Richte deine Konzentration auf das orange Farbmuster und wende die gleiche Methode wie bei der Farbe Rot an. Wenn du feststellst, daß deine Aufmerksamkeit abgelenkt wird, nimm dir einen Augenblick Zeit, um dem nachzuspüren, wohin dein Geist abgeschweift ist. Lenke deine Aufmerksamkeit dann wieder auf die Farbe Orange zurück und laß sie auf dich wirken – ohne Vorlieben oder Abneigungen, ohne deine bisherigen Ansichten darüber, ohne Vorurteile, welche die Realität dieser unmittelbaren Erfahrung verzerren. Auch wenn diese Konzentration dir am Anfang schwierig erscheinen mag, kannst du dem mit größerer Bewußtmachung deines Atems entgegensteuern. Betrachte das orange Farbmuster, atme ein paarmal tief ein und aus, entspanne dich und spüre dem Atemvorgang in deinem Körper nach. Fühle, wie sich dein Körper beim Einatmen mit Lebenskraft füllt und beim Ausatmen von Spannungen leer wird. Dehne dann dein Bewußtsein wieder auf den orangefarbenen Gegenstand aus.

Welche Wirkung hat diese Farbe auf dich? Belebt sie dich, macht sie dich heiter, oder schüchtert sie dich ein? Welche Reaktion zeigst du auf das Schwingungsverhältnis, das durch die Berührung der Energiemuster zwischen dir und dem Gegenstand entsteht? Wie fühlt sich deine Erfahrung der Farbe Orange an?

Setze diese Konzentrationsübung auch mit den anderen Farben des Spektrums fort. Lenke deine Aufmerksamkeit als erstes auf das jeweilige Farbmuster. Werde dir bewußt, wo deine Konzentration abgelenkt wird, und nimm wahr, wohin dich diese Abschweifungen führen. Versuche, dich auf deine natürlichen Lebensprozesse einzustellen. Entspanne dich, atme ein paarmal tief ein und aus. Werde dir deines Atemvorgangs bewußt und lenke deine Aufmerksamkeit auf die Farbe zurück. Je bewußter du dir deiner inneren Lebensprozesse wirst, desto eher kannst du dein Bewußtsein von dem Farbmuster auf einen Gegenstand in der jeweiligen Farbe ausdehnen. Erforsche die Erfahrung, die du mit diesem Gegenstand machst: Welche Wirkung hat er auf dich? Wenn du feststellst, daß deine Aufmerksamkeit nachläßt, kehre wieder zu der Konzentration auf deinen Atem zurück. Wenn du deinen Geist beruhigt hast, richte deine Konzentration wieder auf den Gegenstand. Nimm ihn ohne Begriffsbestimmungen wahr und spüre deiner Reaktion auf ihn und auf die betreffende Farbe nach.

Lenke deine Konzentration nacheinander auf die Farben

Gelb, Grün, Blau, Indigo und Violett. Mache die Erfahrung aller sieben Farben des Regenbogens und stelle fest, wie jede einzelne von ihnen deine Emotionen beeinflußt. Bei dieser Übung brauchst du dir keinerlei zeitliche Begrenzung aufzuerlegen. Achte darauf, daß du ein angenehmes Gefühl dabei hast, aber stimme die einzelnen Übungsschritte aufeinander ab und halte die Reihenfolge von Rot bis Violett ein. Durch ihre unterschiedliche Wellenlänge kannst du jede Farbe als individuelles Energiemuster erkennen und ihrer Wirkung auf dich nachspüren.

## Wahrnehmungsübung im Alltag
## für eine Vertiefung des Farbenbewußtseins

Damit wir in uns die Empfindungen genauer wahrnehmen können, die Farben in uns auslösen, üben wir uns darin, unser Bewußtsein sozusagen auf eine bestimmte Farbe zu fokussieren. Wir können damit in unserem Zimmer beginnen, indem wir uns darin umschauen und versuchen, nur die Gegenstände in einer ausgewählten Farbe deutlich und bewußt wahrzunehmen. Dabei können wir nacheinander wieder durch alle Farben des Spektrums gehen.

Diese selektive Wahrnehmung ist eine Entscheidung, ein Akt unseres Willens. Die Erfahrungen, die wir dabei machen, können wir durch genaue Selbstbeobachtung verifizieren und uns solche Fragen stellen wie: Welche Farbe regt mich besonders an – oder regt sie mich im Grunde genommen auf und macht mich unruhig? Welche Farbe hat eine beruhigende und entspannende Wirkung auf mich – oder muß ich befürchten, bei ihrer Betrachtung schläfrig zu werden? Gibt es spezifische Farbtöne, die mich traurig oder depressiv machen – die Kreativität und Ideenreichtum fördern – bei denen ich mich besonders behaglich und geborgen fühle – die ich aus unerfindlichen Gründen spontan ablehne? Den Erfahrungen, die wir dabei mit uns selbst machen, können wir dann bei der Farbwahl in unserer Umgebung und Kleidung Ausdruck geben.

Wenn wir noch intensiver in die Geheimnisse unserer persönlichen Farbe(n) eindringen wollen, empfiehlt sich die Übung, an jedem Wochentag die Aufmerksamkeit auf eine bestimmte Farbe zu richten – und dies in allen Situationen, in denen wir uns allein befinden, in unserer Wohnung, wenn wir spazierengehen, einkaufen oder auf einer

Parkbank sitzen. Wir wählen beispielsweise die Farbe Rot für den Montag, Orange für Dienstag, Gelb für Mittwoch, Grün für Donnerstag, Blau (alle Nuancen von Himmelblau bis Indigo) für Freitag und Violett für Samstag.

Durch diese intensive Betrachtung und Verinnerlichung eines bestimmten Farbtons, den wir sonst wohl kaum sonderlich registrieren und mit dem wir uns ganz sicher nicht derart konfrontieren würden, tauchen wir in eine reiche Welt an sensorischen und psychischen Wahrnehmungen und Empfindungen ein. Am Abend sollten wir unsere Erfahrungen so getreu wie möglich rekapitulieren und in allen Einzelheiten schriftlich festhalten, denn daraus können wir wertvolle Hinweise auf den Seelenzustand gewinnen, den wir an diesem Tag durchlebt haben. Anhand der im Bewußtsein gespeicherten Eindrücke können wir dann eine Selbstanalyse durchführen und diejenige Farbe ermitteln, die unserer Persönlichkeit am meisten entspricht und diese widerspiegelt. Denn wir werden – mehr oder weniger überraschenderweise – feststellen, daß unsere Wahrnehmungen der verschiedenen Farben merklich voneinander abweichen. Im allgemeinen werden dabei die Mitteilungen über eine dieser »Tagesfarben« viel detaillierter und aufschlußreicher als bei den anderen Farbtönen ausfallen. Selbst wenn wir wissen, daß wir aus geschmacklichen oder ästhetischen Gründen eine bestimmte Farbe deutlich bevorzugen oder sie für unsere Lieblingsfarbe halten, dürfen wir diese nicht mit jener Farbe verwechseln, die sich in Resonanz mit unserem »inneren Selbst« befindet.

Bei dieser Übung, die fast schon eine Facette der Welterfahrung darstellt, kann ich meine äußeren und inneren Sinne mit ihrer Vielfalt an Möglichkeiten besser kennenlernen. Zum Beispiel die Sensibilisierung für die verschiedenen Rottöne: Blaßrot, Blutrot, Glutrot, Weinrot... Das Rot auf den Werbeplakaten und Litfaßsäulen. Das Rot der Backsteine und Dachziegel. Die rote Ampel und die roten Rosen. Überall präsent, doch immer wieder auffallend. Und dann seine Wirkung: Belebung, Anreiz, Anregung, Erregung, Aufregung.

Oder der starke Reiz von Orange, das nicht so häufig vorkommt. Ich nehme seine warme und heitere Energie in mich auf, und wenn ich später die weißen oder grauen Mauern der Häuser sehe, wird mein Auge zum Pinsel und ich färbe sie mit dem Orange, das ich in mir bewahrt habe.

Alles ist gelb, wenn die Sonne scheint. Dinge, die auch sonst schon gelb sind, erhalten damit eine noch stärkere Leuchtkraft. Reagiere ich offen oder abwehrend auf seine Extroversion? Buttergelb, Dottergelb, Honiggelb, Korngelb, Goldgelb – reagiere ich offen oder abwehrend auf dieses Eintauchen in Fülle und Überfluß? Wenn ich die Augen schließe, entführt mich die Farbe Gelb in den Süden: personifizierte Hitze. Ich kann die Reinheit dieser Farbe als Beweis meiner eigenen Existenz nachempfinden, die aus Schwingungen einer unversiegbaren Quelle gelebt wird.

Grün brauche ich nirgendwo lange zu suchen – ich lasse mich in diese Farbe hineinsinken wie in einen dichten Wald, wo ich allein sein und Ruhe finden kann. Ich folge meinem Atem und gewinne den Eindruck, damit auch dem Energierhythmus der Lebensfarbe Grün zu folgen. Das zarte Lindgrün. Das heitere Grün von jungen Blättern und Gras. Das gedämpfte Moosgrün. Das unergründlich tiefe Smaragdgrün. Die feinen Nuancen einer allgegenwärtigen Farbe wahrzunehmen, kommt einer geistigen Entdeckungsreise für die Sinne gleich.

Im Grün kündigt sich schon das Blau an, und auch das Wasser kann sich nicht so recht zwischen beiden entscheiden. Dann aber das klare Azurblau, Farbe des Himmels in meiner Wirklichkeit und Farbe anderer Himmel in meinen Träumen. Transparenz, die den Blick tief in das Wesen der Dinge zieht. Ruhepunkte der Entspannung, Inseln des Vergessens. Aquamarin. Gletscherblau. Meeresblau. Wolkenblau. Nachtblau. Ultramarin. Fernweh oder Heimweh?

Schließlich Violett. Ist es im Alltagsleben so rar, weil es auch in der Natur so selten vorkommt? Gibt es Violett nur deshalb, weil das starke Rot das sanftere Blau nicht ganz auslöschen konnte, das sich mit ihm darin mischt? Empfinde ich die Verbindung von Rot und Blau als Einheit – oder zwiespältig? Lila – das Spiel. Künstlich, modisch, mystisch, magisch.

Wer sich eine Woche lang so intensiv auf die Magie der Farben einläßt – und sich vielleicht am Sonntag die Erlebnisse mit ihnen anhand der Notizen in umgekehrter Reihenfolge nochmals ins Gedächtnis ruft –, wird feststellen, daß sich mit dieser Übung eine ihm bislang weitgehend unbekannte Welt der äußeren und inneren Wahrnehmung erschlossen hat. Denn erst durch das bewußte Visualisieren der Farben und die Verinnerlichung ihrer Qualitäten und deren Wirkungen können sie in uns mit Leben erfüllt werden. In dieser »personalisierten Form« sind sie dann nicht nur Glanzpunkte der äußeren Realität, sondern auch Ausdruck der Persönlichkeit, Spiegel des Unbewußten, Bilder der Seele.

## 1. Eine Bergbesteigung

*Oft, wenn wir uns müde oder erschöpft fühlen, ist dies – zumindest teilweise – darauf zurückzuführen, daß wir uns einer automatischen Kontrolle unterwerfen. Wenn wir unser bewußtes Gewahrsein vernachlässigen, werden wir von unseren Emotionen, unseren Meinungen, unseren Gewohnheiten gelenkt. Wenn wir immer nur bereits Vertrautes heranziehen, uns an Ähnlichkeiten orientieren oder mit bekannten Assoziationen arbeiten, so raubt uns dies ziemlich viel an Lebensenergie, weil unsere Vorstellungen damit einen zu großen Raum bekommen. Mit der hier beschriebenen bewußten Imaginationstechnik lernen wir unsere Vorstellungskraft beherrschen und lenken sie auf die Erfahrung hin, die Lebensenergien in Form von Farben mit ihren entsprechenden Wirkungen auf die geistige Bewußtseinsebene in uns aufzunehmen.*

Atme ein paarmal tief ein und aus und entspanne dich. Die folgende Übung ist ein Werkzeug, mit dessen Hilfe du eine bestimmte Höhe erreichst, wo du dich auf die rhythmischen Ordnungsmuster des Lebens einstimmen kannst. Dafür wirst du auf einen Berg steigen, der aus den Spektralfarben besteht. Dieser Berg hat sieben Stufen, angefangen bei einem Ausgangslager in der Farbe Rot, und auf jeder dieser Ebenen wird die Realität durch eine der sieben Spektralfarben gefiltert. Bei deinem Aufstieg hältst du auf jeder Stufe inne, um die Erfahrung dieser Realitätsebene zu machen. Weil diese Reise Schritt für Schritt verläuft, wirst du feststellen, daß der Aufstieg nicht allzu mühsam oder anstrengend ist.

Schließe nun die Augen und konzentriere dich bewußt auf deinen Atem. Versuche, einen natürlichen, dir angenehmen Atemrhythmus herzustellen. Visualisiere vor dir, so klar wie möglich, einen farbigen Berg.

Du befindest dich am Ausgangslager, das du durch einen roten Filter siehst. Alles, was du dort wahrnimmst, ist rot: die Blumen, die Büsche, deine grob gezimmerte Schutzhütte ... Du fühlst dich sehr aufgeregt, denn du bereitest dich darauf vor, auf einen dir unbekannten Berg zu klettern, dessen Gipfel undeutlich in großer Höhe vor dir aufragt. Du vertraust jedoch darauf, daß du dein Ziel erreichen wirst. Du atmest tief ein, um dir Mut zu machen und Kraft zu geben, und du spürst, wie das Blut deine Adern durchströmt. Du bist lebendig, wirklich lebendig, und dein ganzer Körper kribbelt vor Vitalität.

Atme nun mit jedem Atemzug die Farbe Rot ein und spüre, wie sich dein Energielevel dabei erhöht. Überlaß dich der Empfindung, wie deine Lebensangst von dir abfällt, während die rote Energie in deinen Körper strömt und dir den Mut gibt, du selbst zu sein. Verwende deine Vorstellungskraft dazu, deine geistigen Bilder von der Szenerie des Ausgangslagers in die Farbe Rot zu tauchen. Laß alles, was du siehst, rot werden, und mache die tiefe innere Erfahrung der Farbe Rot.

Nun hast du deinen Körper durch die Anregung und das Stimulans von roter Energie mit Lebenskraft erfüllt. Du bist jetzt darauf vorbereitet, von deinem Ausgangslager weiter zur zweiten Stufe zu gelangen.

Wenn du dieses Plateau erreichst, siehst du alles in der Farbe Orange. Du fühlst dich heiter und ermutigt, denn inzwischen hast du deine anfängliche Furcht vorm Klettern schon fast verloren. Durch die Erfahrung, die du bei deinem Aufstieg vom Ausgangslager zum Orangelevel gemacht hast, ist in dir ein Gefühl für die Realität einer

Bergbesteigung gewachsen. Wenn du nun die Notwendigkeit erkennst, deinen Aufwand an Energie in das richtige Verhältnis zu bringen, bist du dir dessen stärker bewußt, wie wichtig es für dich ist, hier ein Gleichgewicht anzustreben.

Atme mit jedem Atemzug die Farbe Orange ein, und spüre dabei der Empfindung nach, deinen Körper mit der Freude über die Leistung zu erfüllen, die er bisher erreicht hat. Spüre, wie deine Hemmungen von dir abfallen, während du dir sowohl deiner körperlichen Vitalität als auch deiner Geisteskräfte immer bewußter wirst. Verwende deine Vorstellungskraft dafür, deinen geistigen Bildern von dieser zweiten Ebene die Farbe Orange zu geben. Laß alles, was du auf dieser Stufe siehst, orange werden, und mache dir diese Erfahrung ganz zu eigen.

Von dieser Orange-Ebene aus kletterst du weiter zum dritten Hochplateau, wo die Realität durch die Farbe Gelb gefiltert wird. Vielleicht fühlst du dich hier optimistischer als vorher, doch bist du emotional nun nicht mehr so aufgeregt. Dies kommt daher, weil deine Neigung zur Impulsivität durch deine Verstandes- und Urteilskraft gezügelt wird. Dein Geist ist voller Gedanken und Anregungen. Hier erkennst du deine geistige Kraft und beschließt, diese bewußt zu nutzen.

Atme mit jedem Atemzug die Farbe Gelb ein. Fühle, wie sich dein Geist dabei ausdehnt. Du wirst nun nicht mehr von deinen Instinkten motiviert, sondern du kannst deine geistigen Fähigkeiten einsetzen, um dein Verhalten zu lenken. Erlebe die Freiheit, die du mit dieser Nutzung deiner geistigen Möglichkeiten erlangst. Stelle dir vor, du würdest dich über die Wolkendecke erheben, und spüre dabei, wie die lebendige Kraft von Gelb deinen Körper mit einem Glücksgefühl und mit Lebensfreude durchtränkt. Setze deine Vorstellungskraft dafür ein, um deinen geistigen Bildern auf dieser Ebene die Farbe Gelb zu geben. Alles, was du auf dieser Stufe siehst, hat die Farbe Gelb. Laß diese Erfahrung zu einem Teil von dir werden.

Von Gelb kletterst du weiter zum grünen Hochplateau. Hier hast du deinen Aufstieg durch die Farben des Spektrums zur Hälfte zurückgelegt. In der Ruhe dieser grünen Umgebung legst du eine Verschnaufpause ein. Du bist dir dessen bewußt, daß deine Aktivitäten geordnet verlaufen müssen und daß du daher immer Anstrengung mit Ruhe verbinden mußt. Wenn du geduldig, aber entschlossen in deinen Bemühungen bist, fühlst du dich stärker in Einklang mit dir selbst.

Atme mit jedem Atemzug die Farbe Grün ein. Erfahre dabei ein größeres Gleichgewicht in dir selbst. Spüre, wie die lebendige Kraft von Grün deine verspannten Muskeln lockert und entspanne deinen ganzen Körper. Spüre die Harmonie, die sich zwischen deiner äußeren physischen Natur und deiner inneren seelisch-geistigen Natur einstellt, wenn du bewußt versuchst, deine Aktivitäten durch deinen Geist zu lenken. Verwende deine Vorstellungskraft dafür, um deinen geistigen Bildern auf dieser Ebene die Farbe Grün zu geben. Alles, was du hier siehst, hat die Farbe Grün. Mache die tiefe innere Erfahrung dieser Stufe.

Von hier aus kletterst du weiter zum blauen Plateau. Hier dehnt sich vor dir die Ewigkeit aus, denn dein Blick ist von den Begrenzungen befreit, die ihm durch die Perspektive unten im Tal auferlegt werden. Du empfindest die Intensität der Tiefe des Lebens. Der unaufhörliche Lebensprozeß teilt sich dir mit im Anblick von Himmel und Erde. Du empfindest in dieser Realität des ewig Zeitlosen eine größere Sicherheit.

Atme die Farbe Blau ein und lerne, mehr darauf zu vertrauen, daß dein Wesen und deine Existenz ein integraler Bestandteil der gegenwärtigen Lebensrealität sind. Laß es zu, daß dich die lebendige Kraft von Blau von den Ängsten und Verunsicherungen befreit, die aus einem Mangel an echtem Verständnis rühren. Spüre, wie das Blau deine Neugier weckt und dir die Motivation gibt, dich stetig weiterzuentwickeln und die Realität des unaufhörlichen Lebensprozesses zu erfahren. Arbeite mit deiner Vorstellungskraft, um den geistigen Bildern dieser Ebene die Farbe Blau zu geben. Alles, was du hier siehst, ist blau. Mache die Erfahrung des blauen Hochplateaus.

Von hier aus setzt du deinen Aufstieg zum Level von Indigo fort. Von der Ebene aus, wo du jetzt stehst, scheinst du eine höhere Bewußtheit der Lebensprozesse zu haben, denn die Komplikationen und Verwicklungen deines Lebens mögen nun wie Phantasie- oder Trugbilder wirken. Du erkennst dein Alltagsleben als ein von dir selbst geschaffenes Programm. Auf dieser Ebene, fern von den Zwängen der Welt, wird deine Wahrnehmung der Realität klarer, und dein intuitives Verständnis vertieft sich.

Atme die Farbe Indigo ein und spüre mit jedem Atemzug, wie sich die verschiedenen Teile deines Wesens zu einem harmonischen Ganzen verbinden. Entdecke den Zwiespalt zwischen der tatsächlichen Wirklichkeit des Lebens und der Art und Weise, wie *du* es lebst. Laß die lebendige Kraft von Indigo deinen Körper mit der Wärme der Liebe erfüllen. Erfahre durch Indigo die Fähigkeit, die Relativität des Lebens zu verstehen und dich von daher wandelnden Situationen anzupassen. Arbeite mit deiner Vorstellungskraft, um den geistigen Bildern dieser Ebene die Farbe Indigo zu geben. Alles, was du hier siehst, hat die Farbe Indigo. Mache die Erfahrung dieser Stufe.

Von hier aus kletterst du weiter und erreichst mit dem Violett-Plateau den Gipfel des Farbberges. Hinter dir liegt das Bekannte, vor dir das Unbekannte. Du siehst der Zukunft furchtlos entgegen, denn du hast während deines Aufstiegs erkannt, daß deine ausgedachten Vorstellungen über die Realität nur durch die Erfahrung überwunden werden können. Durch dein eigenes Erleben hast du die Möglichkeit, die Realität hinter den Erscheinungsformen wahrzunehmen, und diese Enthüllung der Wirklichkeit schenkt dir tiefe Inspiration.

Atme mit jedem Atemzug die Farbe Violett ein. Spüre dabei, wie dies dich dazu inspiriert, unter der Oberfläche der Erscheinungen die wahre Realität zu ergründen. Laß dich von der lebendigen Kraft des Violett mit Träumen der Vollkommenheit erfüllen. Spüre, wie diese Farbe deine Entschlossenheit stärkt, deine inneren Wesenseigenschaften zu entwickeln, an deinen Charakterschwächen zu arbeiten und dir deiner Lebenserfahrungen ganz bewußt zu werden. Arbeite mit deiner Vorstellungskraft, um den geistigen Bildern dieser Ebene die Farbe Violett zu geben. Alles auf diesem Hochplateau nimmst du in Violett wahr.

Durch diese Technik zur bewußten Lenkung der Imaginationsfähigkeiten des Geistes hast du die Erfahrung der sieben Spektralfarben und ihrer entsprechenden Energiefrequenzen gemacht. Mit Farbe als Stimulans hast du die unterschiedlichen Lebensenergien in deinen Körper aufgenommen, die von grundlegender Bedeutung für deine körperliche und geistige Gesundheit sind.

Diese bewußte Imaginationstechnik hat eine außerordentlich tiefgreifende Wirkung und bietet, außer der Konzentration auf den Atemprozeß, eine Möglichkeit, bewußt mit der Vorstellungskraft zu arbeiten.

## 2. Eine Reise in die Tiefe des inneren Gartens

*Diese Übung zur Tiefenentspannung mit Farben führt uns zum inneren Kern unseres Wesens, zum Einverständnis mit dem, was wir dort erfahren, und zum Einklang mit uns selbst. Wir lernen dabei, vieles loszulassen: Verspannendes, Belastendes, Erdrückendes, Erstarrtes ... und tauchen aus der Tiefe unseres innersten Ortes ganz entspannt, befreit von Altem und offen für alles Neue, wieder auf.*

Setze oder lege dich bequem hin und schließe die Augen. Konzentriere dich auf die Wahrnehmung der von außen kommenden Geräusche. Sie werden dich auf deiner Reise begleiten, doch brauchen sie dich nicht zu stören, sondern können dir sogar beim Entspannen helfen.

Richte deine Aufmerksamkeit nun auf den Raum, in dem du dich befindest, und dann auf dich selbst. Werde dir bewußt, wie du dasitzt bzw. daliegst, wo sich dein Kopf, deine Schultern, deine Arme und Beine, deine Füße befinden. Es ist wichtig, daß du eine natürliche Lage einnimmst und dich ganz bequem fühlst. Verändere, wenn notwendig, deine Haltung.

Stelle dir nun eine Treppe vor, an deren oberem Absatz du stehst und auf die zehn Stufen blickst, die nach unten führen. Geh nun im Geiste Stufe um Stufe nach unten und zähle dabei rückwärts von Zehn bis Null. Stelle dir dabei vor, daß du mit jeder Stufe, die du hinabsteigst, in einen immer tieferen Zustand der Entspannung gelangst.

Wenn du am unteren Ende der Treppe angekommen bist, stehst du vor einem schmiedeeisernen Tor, das zu deinem innersten Ort führt. Du kannst jedoch nur dann durch dieses Tor schreiten, wenn du deine alltäglichen Sorgen und Probleme draußen läßt. Sobald du sie vor dem Tor abgelegt hast, öffnet sich dieses von selbst.

Du betrittst nun deinen innersten Ort, einen herrlichen

Garten, der vollkommene Ruhe ausstrahlt. Stelle dir darin viele Dinge vor, die du liebst: Blumen und weiches Moos, Schmetterlinge und Vögel, Sonnenschein ...

Suche dir irgendwo in deinem Garten einen Platz, wo du dich ganz wohl fühlst. Lege dich dorthin und entspanne dich.

Atme nun tief ein und stelle dir, während du ausatmest, die Farbe Rot vor. Entspanne dabei deinen Kopf – den Scheitelpunkt, die Stirn, die Augen, den Kiefer.

Atme wieder tief ein und stelle dir beim Ausatmen die Farbe Orange vor. Laß deine Schultern und Arme locker und entspanne die Brustmuskeln. Dabei stellst du dir vor, daß sich all diese Partien deines Körpers entspannen.

Atme wieder tief ein und stelle dir beim Ausatmen die Farbe Gelb vor. Laß dabei jedes Spannungsgefühl aus dem Bauchbereich und aus deinen Beinen entweichen. Alle Muskeln und Fasern deines Körpers werden locker und geschmeidig, und in deiner Vorstellung wird dein Körper so träge und schwer, daß es viel zu viel Aufhebens wäre, dich noch zu bewegen.

Atme nun wieder tief ein und stelle dir beim Ausatmen die Farbe Grün vor. Laß jetzt deinen Geist still werden und alle noch vorhandenen Gedanken zur Ruhe kommen. Kämpfe aber nicht gegen sie an, wenn sie sich hereindrängen, sondern laß sie einfach wie weiße Wölkchen vorüberziehen.

Nun atme wieder tief ein und stelle dir beim Ausatmen die Farbe Blau vor. Deine geistige und körperliche Ruhe vertieft sich allmählich, und damit gelangst du auch in einen tieferen Zustand der Entspannung.

Atme wieder tief ein und stelle dir beim Ausatmen ein ganz intensives Violett vor. Inzwischen ist jede Faser deines Körpers von einer vollkommenen inneren Ruhe durchdrungen – du bist innere Ruhe geworden. Du ruhst in der Mitte deines Wesens, du bist eins mit allem, was dich in deinem Garten umgibt, du bist Teil der Natur und in Harmonie mit dir selbst und mit deiner Umwelt. Du bist völlig frei.

Verweile in diesem Zustand, solange wie du dies möchtest. Wenn du wieder daraus auftauchen willst, mußt du dir nur im Geiste vorstellen, daß du aufstehst und zum Tor zurückgehst. Tritt durch das Tor hinaus und schließe es hinter dir zu. Steige die Stufen hoch und zähle sie dabei. Wenn du bei der zehnten Stufe angekommen bist, öffne wieder deine Augen. Bleibe noch einen Augenblick im Zustand der Ruhe und laß deinen Geist dann langsam in die Alltagswirklichkeit zurückkehren.

Das Gefühl von innerer Ruhe und Entspannung, das du bei dieser inneren Reise gefunden hast, wird dich noch eine Weile begleiten. Je mehr du diese Übung praktizierst, desto leichter und rascher wirst du Entspannung finden können.

Es ist ratsam, diese Übung einige Wochen lang regelmäßig einmal täglich zu wiederholen.

## Kapitel 7

# FARBMEDITATION

## *Allgemeine Übungsanleitungen*

Fast scheint es bei Farbmeditationen nicht angebracht, von »Anleitungen« zu sprechen. Im Grunde wollen wir hier kein bestimmtes Ziel erreichen, sondern aus einem Zustand der Ruhe und Offenheit heraus etwas entstehen, sich etwas entwickeln lassen. Trotzdem sollen hier einige Hinweise gegeben werden:

Durch die Praxis des Atmens und Visualisierens sind wir in der Regel mit dem Wesen der Farben bereits so vertraut geworden, daß ihr geistiges Bild in unserer Vorstellung existiert und wir es leicht abrufen können. Bei der Farbmeditation geht es nun nicht darum, sich eine Farbe vorzustellen, das heißt, sie *vor* sich zu sehen, sondern *in* sich zu spüren, zu erleben und auf sich wirken zu lassen. Dabei ist die Tiefenatmung aufgrund ihrer entspannenden Wirkung zu Beginn der Übung sehr zu empfehlen. Es können dann eine oder auch mehrere Farben spontan in uns aufsteigen, die im Falle von Heilmeditationen die Antwort auf eine Frage oder die Lösung eines Problems bieten.

Wer bereits über einige meditative Erfahrung verfügt, kann versuchen, Farbe so von innen heraus entstehen zu lassen oder von außen in den Körper zu ziehen, daß er sich ganz davon eingehüllt und wie »gebadet« darin fühlt. Es ist auch möglich, im Geiste den ganzen Körper oder ein Organ bzw. Chakra wie mit einem großen imaginären Pinsel in einer bestimmten Farbe anzumalen.

Bei den nachfolgenden Meditationsübungen wird unterstützend auch mit Elementen der Visualisation gearbeitet.

## Allgemeine Heilmeditation auf grünes Licht

*Grün steht im Spektrum als ruhender Pol genau in der Mitte zwischen den warmen und den kalten Farben. Durch seine Verbindung mit dem Wasser und der Vegetation gilt es als Sinnbild für das Leben und seine Regenerationsfähigkeit, für Reinigung und Erneuerung. Als Farbe des Herz-Chakras ist es durch Mitgefühl und Sensibilität geprägt. Durch seine gleichzeitig beruhigenden und stabilisierenden Eigenschaften wirkt sich Grün sehr harmonisierend auf unser inneres und äußeres Gleichgewicht aus, so daß seine Schwingung einen positiven Einfluß auf alle Heilungsvorgänge hat.*

Setze dich hin und entspanne dich. Halte die Augen geöffnet und achte dabei auf alle Geräusche. Versuche sozusagen »mit den Augen zu hören« – dadurch kann ein veränderter Bewußtseinszustand hervorgerufen werden, in dem die Heilenergien besonders wirksam sind. Visualisiere im Dritten Auge, dem Stirn-Chakra, eine grüne, etwa erbsengroße Lichtkugel. Sie sollte ein klares, leuchtendgrünes Licht haben, das zum Zentrum der Kugel hin immer dunkler wird. Meditiere über dieses Licht und stelle es dir als heilende Energie vor. Reibe deine Handflächen in Höhe des Herz-Zentrums kräftig aneinander. Davon werden deine Hände warm, und wahrscheinlich entsteht zwischen den beiden Handflächen ein Strom von pulsierender Energie, der wie ein magnetisches Kraftfeld wirkt. Dies kannst du an der Reaktion feststellen, wenn du die Hände ein paar Zentimeter auseinanderhältst.

Wenn du nun einem anderen Menschen helfen willst, so lege deine magnetisch aufgeladenen Hände auf die betreffende Schmerzstelle. Willst du dich selbst heilen, so visualisiere das grüne Licht, bis du es ganz klar siehst und in dir empfindest. Dann wird sich deine Bewußtheit wie von selbst auf die schmerzende Stelle in deinem Körper richten.

## Heilmeditation bei verschiedenen psychosomatischen Störungen

Bei *Angstzuständen* wirkt Farbmeditation unterstützend zur Farbbestrahlung mit Grün und Rosa. Sie sorgt für heilenden Ausgleich und schenkt innere Harmonie und Lebensfreude. Bei depressiven Zuständen kann der Genesungsprozeß durch eine »warme« und gleichzeitig leichte Ernährung (Gelb-Orange-Rot) sowie das Tragen von heller Kleidung beschleunigt werden.

Bei *Asthma* ist es besonders wichtig, tief durchzuatmen. Die mit Asthma verbundenen inneren Verkrampfungen sind zumeist eine Folge von negativen Denkstrukturen. Rhythmisches und tiefes Atmen unter Heranziehung von heilenden Farbenergien, vorzugsweise in den Farben Rot-Orange oder Blau, ist eine ausgezeichnete Methode dafür, um solche negativen Denkstrukturen, Pessimismus, Angst- und Abhängigkeitsgefühle anzugehen. Dabei lösen sich innere Verspannungen sowie Blockierungen vor allem im Bereich des Solarplexus.

Für die Auflösung von *emotionaler Anspannung* sind Gelb (Goldgelb) und Orange die bevorzugten Farben. Als Methode ist Farbmeditation und -visualisation ebenso geeignet wie Farbenatmung. Durch den bewußten Atemvorgang kann deutlich werden, wo die Anspannung im Körper sitzt; diese Stelle kann mit dem »imaginären großen Pinsel« in der entsprechenden Farbe angestrichen werden. Achte beim Ausatmen darauf, daß mit jedem

Atemzug ein Stück der Anspannung deinen Körper verläßt.

Bei *Erschöpfungszuständen* tragen ebenfalls Atemübungen, Meditation und Visualisation in gleicher Weise zur Selbstheilung bei. Während mit der körperlichen Ebene am besten die Energien von Orange korrespondieren, sind für den seelisch-geistigen Bereich Indigo und Violett die heilkräftigsten Farben. Obwohl der ganze Körper einbezogen ist, empfiehlt sich hierbei eine Konzentration auf die drei oberen Chakras.

Auch *Migräne* ist ein Anwendungsgebiet für die Farbmeditation. Während der akuten Anfälle ist natürlich keine meditative oder visualisierende Arbeit mit Farben möglich, doch können in dieser Zeit zumindest grüne oder blaue Tücher auf den Kopf gelegt werden. Wenn die Anfälle abklingen, sollte versucht werden, die entsprechenden Farben zu visualisieren und – sofern dies möglich ist – auf ihre heilsamen Qualitäten zu meditieren. Damit kann auf die unbewußten Denk- und Gefühlsstrukturen eingewirkt werden, die durch die Erfahrung von Einschränkungen und Begrenzungen entstehen und sich häufig durch einen Druck im Kopf nach außen manifestieren.

Violett und Grün haben eine sehr beruhigende Wirkung bei allen *nervösen Störungen.* Wenn kreativ arbeitende Menschen unter besonderer Anspannung stehen, empfiehlt sich die Farbe Grün, bei depressiven Phasen, die im Wechsel damit auftreten können, die Farbe Gelb. Wenn bei Atemübungen und Farbmeditationen abwechselnd mit Violett (bei Anspannung) und Gelb (bei Depression) gearbeitet wird, hat dies einen sehr heilsamen Effekt auf die Wiederherstellung des inneren Gleichgewichts.

Bei *Schlafstörungen* sind sowohl Atemübungen als auch

Farbmeditationen mit Violett (oder einem dunkleren Blau bzw. Indigo) ein sehr wirksames Heilmittel. Dies gilt besonders für kreative Menschen, die unter einer gewissen Spannung stehen, da sie in ihrem Leben nach einem bewußten Selbstausdruck suchen. Wenn die Schlaflosigkeit durch Übermüdung hervorgerufen wird, kann außer Blau auch Grün eine sehr günstige Farbe sein.

Vor dem Einschlafen ist die folgende Übung durchzuführen:

Konzentriere dich auf einen Gegenstand deiner Umgebung aus dem Blau/Violett- oder Grün-Bereich, bis du seine Farbe verinnerlicht hast. Stelle dir dann mit geschlossenen Augen vor, daß eine Kugel in dieser Farbe auf einer Bahn mit leichter Neigung rollt, bis sie aus deinem Blickfeld verschwindet.

Wiederhole diese Übung dann mit jeweils zwei, drei oder so vielen Kugeln, wie du ohne Anstrengung visualisieren kannst. Laß dich schließlich in den Farbton dieser Kugeln, der dein gesamtes inneres Gesichtsfeld erfüllt, versinken.

Steinen, vor allem Edelsteinen, wurde seit altersher eine besondere Heilkraft zugeschrieben. Diese heilende Wirkung wird im allgemeinen mit den Farbschwingungen erklärt, die von den Steinen ausstrahlen und je nach Kristallstruktur noch verstärkt werden. Damit diese Energien jedoch aktiviert werden, müssen sie sich durch die psychischen Zentren im Menschen bewegen und dabei transformiert werden.

Zu Heilzwecken wird der entsprechende Edelstein direkt auf die schmerzende Stelle bzw. das Chakra gelegt. Dabei sind bei zu starker Energetisierung oder Entzündungen weiße oder blaue Steine zu verwenden, bei zu schwacher Energetisierung oder damit korrespondierenden Krankheitssymptomen (wie Durchblutungsstörungen) rote Steine. Zur geistigen Entspannung passen hauptsächlich gelbe Steine.

Die Wirkung des ausgewählten Steins wird dadurch erhöht, daß man ihn *vor* der Anwendung in jeder Hand preßt, bis man spürt, wie er sich erwärmt. Außerdem ist es sehr unterstützend, wenn die entsprechende Farbe *während* der Anwendung visualisiert oder auf ihre Eigenschaften meditiert wird. Dafür sollte der Stein zuvor genau betrachtet werden, um sich alle Einzelheiten einzuprägen. Bei regelmäßiger Übung wird sich seine Ruhe und Harmonie auf den Betrachter zu übertragen beginnen.

Durch die Lichtbrechung entstehen bei Kristallen konzentrische Formen, ganz ähnlich wie *Mandalas,* die in der indischen und tibetischen Tradition als Meditationshilfen dienen. Der Übende durchquert dabei die verschiedenen Kreise wie Stufen auf seinem spirituellen Weg, bis er das innerste Zentrum erreicht und dort mit der Gottheit des Mandala eins wird. Dies entspricht bei der Edelstein-

Meditation jener Stufe, auf der die verborgene Eigenschaft oder geheime Kraft, die sich im Mineral konkretisiert finden, unmittelbar erfahren wird.

Von manchen esoterischen Schulen des Abendlandes wird eine Meditation auf zwölf Edelsteine empfohlen. Dies sind, nach der Apokalypse, die Zwölf Steine der »heiligen Stadt«: Jaspis, Saphir, Chalcedon, Smaragd, Sardonyx, Karneol, Chrysolith, Beryll, Topas, Chrysopras, Hyazinth, Amethyst. Sie sind beispielsweise gut als Mittel zur Umwandlung einer negativen Erfahrung oder Emotion einzusetzen. Man fängt dabei mit den gewöhnlichsten Steinen an und steigt immer weiter zu den schönsten und kostbarsten auf. Bei ihrer Visualisation soll eine Verbindung zu den positiven Eigenschaften und Kräften dieser Steine hergestellt werden, und die Aufmerksamkeit ist darauf zu richten, bei welchem speziellen Stein die negative Emotion sich möglicherweise aufzulösen beginnt. Diese Wirkung kann noch dadurch unterstützt werden, daß Kleidung in der entsprechenden Farbe bevorzugt getragen wird.*

---

* Vgl. dazu auch: Klausbernd Vollmar, *Farben – ihre natürliche Heilkraft*, S. 69 f., sowie Agatha Laroche, *Die persönliche Magie der Schmucksteine*, S. 84 f.

## Farbmeditationen mit den Chakras

*Die Chakras haben als feinstoffliche energetische Zentren die Aufgabe, den Fluß der Lebenskraft in unserem Körper zu regulieren. Dafür muß die Energie in richtigem Maße aufgenommen bzw. abgegeben werden können. Die nachfolgenden Übungen werden dazu beitragen, diesen Energiefluß zu öffnen und zu harmonisieren und damit Selbstheilungsprozesse zu unterstützen. Es ist sehr wichtig, alle Chakras in diesen Vorgang einzubeziehen, damit keine Unausgewogenheit bestehenbleibt oder neu entsteht.*

### Regenbogen-Meditation
### für die Harmonisierung der Chakras

Für diese Übung legst du dich hin und entspannst dich so tief wie möglich. Versuche als erstes, die Lage der Chakras in deinem Körper nachzuempfinden.

Stelle dir dann vor, daß du auf einem fliegenden Teppich liegst, der sich langsam vom Boden hebt und in einem weiten, von Licht erfüllten Raum aufwärts zu schweben beginnt. Allmählich nimmt dieses Licht eine warme rötliche Farbe an. Lasse dann mit jedem Atemzug die Farbe Rot in das Wurzel-Chakra einströmen. Spüre, wie sich dein Körper entspannt und deine Gedanken von dir abzufallen beginnen.

Du schwebst nun höher auf deinem Teppich, und der Raum um dich ist von der Farbe Orange durchflutet, die du in dein Sakral-Chakra fließen läßt. Dein Geist wird noch ruhiger und frei von Gedanken.

Langsam verliert das orangefarbene Licht um dich sein Rot und wird zu einem warmen Goldgelb. Auf der Höhe deines Solarplexus beginnt sich die Farbenergie zu drehen, und du spürst, wie du immer entspannter wirst.

Während dein Teppich noch höher schwebt, gelangst du in den grünen Bereich deines Raumes – eine Farbschwingung, die sich sehr beruhigend und gleichzeitig belebend auf dich auswirkt. Wenn sie in dein Herz-Chakra einströmt, läßt du alles los, was dich noch belasten könnte, und erfährst eine tiefgreifende Erneuerung.

Dann verliert das Grün nach und nach seinen Gelb-Anteil und verwandelt sich zunächst in ein tiefes Türkis und danach in ein sanftes Himmelblau, das in dein Kehl-Chakra hineinströmt.

Noch immer schwebst du auf deinem Teppich weiter in die Höhe und gelangst so in den Bereich von Indigo, das in dein Stirn-Chakra fließt und dir große Ruhe und Harmonie schenkt.

Wenn du noch weiter aufsteigst, erstrahlt der Raum in einem samtenen violetten Licht, das schließlich dein Scheitel-Chakra einhüllt.

Wenn du dort oben angekommen bist und die Bilder und Farben langsam in dir zu verblassen beginnen, kannst du wieder die Augen öffnen und noch einige Minuten lang deinen gleichzeitig tief entspannten und energetisch ausgewogenen Zustand auf dich wirken lassen.

## Licht-Meditation zur Reinigung der Chakras

*Diese Übung zur Reinigung der feinstofflichen Energiezentren ist eine sehr wirksame Unterstützung darin, daß sich auf der seelisch-geistigen Ebene keine emotionalen Belastungen ansammeln, die auch physisch zu Energiemangel und zu psychosomatischen Beschwerden führen können. Die entsprechende Farbe ist intuitiv und/oder nach ihrer energetischen Zuordnung zu wählen. Wenn es uns an einer bestimmten Energie mangelt, sollte die mit ihr korrespondierende Farbe gewählt werden, während ein Energieüberschuß durch die jeweilige Komplementärfarbe auszugleichen ist. Für diese Übung ist allerdings auch das Visualisieren von weißem oder ganz hellem Sonnenlicht geeignet, da es alle Farbenergien in sich einschließt.*

Lege dich hin und versuche dich mittels Tiefenatmung ganz zu entspannen. Errichte in deiner Vorstellung um dich einen schützenden Raum, den du mit dem Licht einer bewußt oder intuitiv gewählten Farbe ausfüllst.

Konzentriere dich dann auf die Empfindung der Chakras in deinem Körper und beginne mit dem Wurzel-Chakra. Stelle dir darüber in dem von dir imaginativ geschaffenen Raum einen Lichtwirbel vor, der zu deinem Körper hin geöffnet ist und wie mit Flammen alles reinigt, was sich in diesem Bereich an Blockaden angesammelt haben mag. Im allgemeinen hat dies mit traumatischen Erfahrungen in Verbindung mit dem Überleben und dem Verlust des Gefühls von einem gesunden Geerdetsein zu tun.

Gehe dann weiter zum Sakral-Chakra und lasse darüber einen neuen Lichtwirbel entstehen. Er wird die sexuelle Energie reinigen und dafür sorgen, daß sie in einer unblockierten und ausgewogenen Art und Weise nach außen fließen kann.

Auf der Höhe des Nabel-Chakras, im Solarplexus, werden alle Komplexe geklärt, die mit dem eigenen Unvermögen und dem damit verletzten Selbstwertgefühl in Zusammenhang stehen.

Besonders wichtig ist die Reinigung auf der Ebene des Herz-Chakras, da dort sehr alte und tiefe Verletzungen liegen können. Wenn diese Wunden nicht ausgeheilt sind, ist die Beziehungsfähigkeit zu anderen blockiert. Es ist daher wichtig, daß der Lichtwirbel hier alles in sich aufnimmt und verbrennt, was unserem Liebesvermögen im Wege steht.

Auf der Höhe des Kehl-Chakras werden durch den Lichtwirbel alle Blockierungen aufgesogen, die sich einer ungehinderten Kommunikation entgegenstellen, und auf der Höhe des Stirn-Chakras oder Dritten Auges wird die Kreativität und Intuition befreit.

Am Scheitel-Chakra schließlich beseitigt der Lichtwirbel alle Hindernisse, die der Inspiration und auch den Erfahrungen der Meditation gegenüber verschließen. Wenn du dieses Chakra erreicht hast, kannst du nach einigen Augenblicken alle Lichtwirbel wieder verlöschen lassen und auch den schützenden Raum auflösen, der dich umgibt.

## Farbmeditation zur Öffnung des Herz-Chakras

*Die nachfolgende Übung läßt sich in abgewandelter Form auf die Arbeit an jedem Chakra übertragen. Da das Herz-Chakra das erste wichtige Zentrum des Übergangs zu den höheren Energien im Menschen darstellt und eine wichtige Rolle dabei spielt, sich anderen gegenüber wirklich öffnen zu können, ist es hier beispielhaft ausgewählt worden.*

*Sollte bei dieser Übung die Erfahrung auftreten, daß schmerz-*

*hafte verdrängte Empfindungen an die Oberfläche kommen, so ist es wichtig, daß dieser Schmerz ins Bewußtsein tritt und dadurch den Heilungsprozeß unterstützt. Auch wenn sich das Herz-Chakra gegenüber der Umgebung verschließt, um sich selbst zu schützen, werden wir nach einiger Zeit seine fehlende Energie bemerken und mit Hilfe dieser Übung wieder beleben können.*

Lege dich hin und versuche, in einen Zustand von möglichst tiefer Entspannung zu gelangen.

Stelle dir dein Herz-Chakra als eine rosafarbene Blüte vor, die aus einem smaragdgrünen Kelch hervorwächst und deren Blütenblätter geschlossen sind. Konzentriere dich nun darauf, daß sich ein Blütenblatt nach dem anderen öffnet. Dies kannst du noch dadurch verstärken, daß deine Hände die Bewegung nachahmen, so als würden sie die Blütenblätter tatsächlich öffnen. Richte bei jedem Blütenblatt deine Gedanken intensiv darauf, daß du dich selbst damit für die Liebe öffnest, das heißt: Liebe geben *und* Liebe empfangen zu können.

Je mehr du dich dem Zentrum der Blüte näherst, desto stärker werden die Blütenblätter rosafarbenes Licht ausstrahlen, dessen Wärme dich schließlich einhüllen wird.

## Tantrische Farbmeditation
## zur Erweckung der Fünf Sinne

*Durch diese Übung wird die Wahrnehmungsfähigkeit sowohl der physischen als auch der feinstofflichen Sinne intensiviert. Diese Methode ist aus der tantrischen Tradition entwickelt worden, die der Konzentration und Visualisation große Heilwirkungen zuschreibt. Die verwendeten Farben weichen von der gebräuchlichen Zuordnung zu den Fünf Elementen ab, da sie hier auf therapeutische Zwecke abgestimmt sind.*\*

Wähle einen ruhigen Ort und nimm eine dir angenehme Haltung ein. Stelle dir die Leerheit des Raumes vor, woraus alles entstanden ist, und suche in deinem Innern einen Zustand von Bewußtheit und Freude zu realisieren. Visualisiere, daß Lichtstrahlen aus deinem Herz-Zentrum hervorströmen und den ganzen Raum erhellen.

Stelle dir nun in deinem Herz-Zentrum, in der Mitte deines Brustkorbs, eine rote und weiße Scheibe vor und darauf einen leuchtenden Punkt in der Größe eines Sesamkorns, worin dein ganzes Bewußtsein konzentriert ist. Laß deinen Atem ruhig und ganz ausgewogen werden. Wenn du den Eindruck bekommst, daß sich ein Zustand von bewußter Konzentration in dir entfaltet hat, wende deine Aufmerksamkeit den fünf Sinnesorganen zu:

Halte deine *Augen* geschlossen und visualisiere zwei funkelnde weiße Punkte vor deinem inneren Auge. Wenn du den Eindruck gewinnst, dabei eine ausreichende Konzentration erlangt zu haben, öffne deine Augen wieder und betrachte die dich umgebenden Gegenstände, wobei du die Wahrnehmung der beiden Punkte beibehältst. Lenke diese Punkte dann in dein Herz-Zentrum zurück.

\* Zitiert nach Gérard Edde: *Chakras und Heilung* – Der Weg zur ganzheitlichen Gesundheit durch die tantrische Energiemedizin (Edition Tramontane).

Richte dein Bewußtsein auf deine beiden *Ohren*. Visualisiere im Innern eines jeden Ohres einen tiefblauen Punkt. Begib dich dann an einen geräuschvollen Ort und halte die Wahrnehmung dieser beiden Punkte aufrecht. Du wirst feststellen, daß deine Ohren empfänglicher werden. Lenke schließlich die beiden Punkte in dein Herz-Zentrum zurück.

Konzentriere dich nun auf deine *Nase*. Visualisiere einen kleinen gelben Punkt in jedem Nasenloch und halte deine Aufmerksamkeit darauf gerichtet. Geh an einen geruchsintensiven Ort und bleib dir auch dort dieser beiden Punkte bewußt. Lenke die Punkte dann in dein Herz-Zentrum zurück.

Vergegenwärtige dir einen roten Punkt an der Wurzel deiner *Zunge* und richte dein Bewußtsein darauf. Koste dann Dinge von verschiedenem Geschmack, während deine Aufmerksamkeit auf diesen Punkt gerichtet bleibt, und lenke ihn dann in dein Herz-Zentrum zurück.

Visualisiere einen grünen Punkt im *Sexualbereich*, zwischen dem Anus und den Geschlechtsorganen. Berühre dann verschiedene Gegenstände mit der Hand und halte dabei deine Konzentration auf den grünen Punkt gerichtet. Lenke deine Bewußtheit auf dein Herz und laß sich die Gegenstände, die du berührt hast, miteinander verschmelzen und schließlich in die Leerheit auflösen.

Laß alle Punkte aus deinem Herz-Zentrum in die verschiedenen Sinnesorgane zurückkehren und verweile in einem Zustand der inneren Ruhe.

# Farbmeditationen mit der Regenbogenkugel

## Übungen für den Umgang mit negativen Emotionen, basierend auf der tibetischen Tradition*

*Diese meditativen Bewußtseinsübungen mit Farben sollen dabei helfen, mit negativen Emotionen umzugehen, wie sie fortwährend im Alltag entstehen. Wenn wir diese identifizieren und dadurch Einsicht in ihr Wesen erlangen, bekommen wir ein Mittel in die Hand, sie zu verstehen und nach und nach auch überwinden zu können, denn Verständnis ist ein Schlüsselwort für die Wirksamkeit dieser Praxis.*

*Bei der Visualisierung sollten wir das farbige Licht als transparent, das heißt, nicht als etwas Festes-Stoffliches wahrnehmen. Außerdem sollten wir davon überzeugt sein, daß dieses Licht die Qualität besitzt, heilen zu können. Jede Farbe enthält die Wesenseigenschaft und die Kraft aller anderen Farben in sich und besitzt die Fähigkeit, sowohl physische Schmerzen und Krankheiten als auch negative und leidvolle Emotionen heilen zu können. Damit dies aber zum Tragen kommen kann, müssen wir den heilenden Eigenschaften der Farben wirkliches Vertrauen schenken. Je weiter wir in unserer Praxis fortschreiten und je tiefer unser Verständnis wird, desto leichter können wir eine Verbindung zu den Farben herstellen und desto entspannter werden wir uns durch sie fühlen. Licht und Farbe können als Manifestation der potentiellen Heilkräfte unseres eigenen Geistes gesehen werden. Natürlich ist Farbe kein »Allheilmittel«, doch werden uns Farbmeditationen zumindest dabei helfen können, mit körperlichen und geistigen Störungen leichter und offener umzugehen, auch wenn wir sie vielleicht nicht ausheilen können.*

---

* nach *Taming the Tiger* von Dharma-Arya Akong Rinpoche. Mit freundlicher Genehmigung von Dzalendara Publishing, Samye-ling Tibetan Centre (1987). Deutsche Ausgabe in Vorbereitung (Theseus Verlag, 1993).

*Ganz allgemein stellen wir uns bei diesen Übungen vor, daß die Licht- und Farbenergien mit dem Einatmen in unseren Körper gelangen und daß Schmerzen und negative Emotionen mit dem Ausatmen daraus entlassen werden. Beim Umgang mit den Emotionen ist zu beachten, daß keine von ihnen streng getrennt von den anderen gesehen werden kann: So gibt es beispielsweise eifersüchtigen Stolz, dummen Stolz oder zornigen Stolz usw. Ebenso kann auch jede Farbe den Nutzen aller anderen in sich enthalten, obwohl wir uns jeweils nur auf eine einzige konzentrieren.*

## Allgemeine Übung

Vergegenwärtige dir als erstes diejenige Emotion, mit der du in der folgenden Übung arbeiten willst, und ihre Auswirkungen auf dich selbst und auf andere.

Stelle dir im Raum vor dir entweder einen klaren blauen Tageshimmel oder einen Nachthimmel mit vielen Sternen vor. Entscheide dich dafür, was dir am leichtesten fällt und wobei du das beste Gefühl hast.

Aus der Ferne taucht vor dir eine Kugel aus farbigem Licht auf, die sich aus den sechs Farben Weiß, Grün, Gelb, Rot, Himmelblau und Dunkelblau (Indigo) zusammensetzt. Diese Farben sind strahlend und transparent, einem Regenbogen vergleichbar, und befinden sich innerhalb der Kugel in ständiger Bewegung. Je nach der Emotion, an der du gerade arbeitest, verschmelzen sie zu einer einzigen dominanten Farbe, von denen jede wirklich die Kraft hat, den mit dieser Emotion verbundenen Schmerz zu heilen. Arbeite während der Übung mit deiner Vorstellungskraft und erinnere dich daran, daß jede Farbe auch die Essenz aller übrigen Heilschwingungen in sich einschließt.

Bei der Übung tritt das Licht mit dem Einatmen in deinen Körper ein. Beim Ausatmen verlassen die negativen Emotionen den Körper dann in Form eines Rauches von trüber, ungesunder Farbe, der sich außerhalb von dir auflöst.

Du kannst diese Farbmeditation mit der Arbeit im Garten vergleichen: Du entfernst alles Unkraut und kümmerst dich um das, was du anpflanzen willst. Diese Übung hilft zunächst dir selbst im bewußten Umgang mit deinen Emotionen, doch wird deren Verständnis auch für andere von Nutzen sein.

## Meditation auf weißes Licht zur Überwindung von Stolz

Betrachte den Stolz in deinem Geist – Arroganz, Hochmut, Überlegenheitsgefühle. Erkenne seine Erscheinungsformen in deinem Alltagsleben und seine Wirkungen sowohl auf physischer als auch auf gefühlsmäßiger Ebene.

Visualisiere die regenbogenfarbige Kugel vor dir im Himmel. Dann verwandeln sich alle darin wirbelnden Farben in ein diamantfarbenes funkelndes reines Licht. Stelle dir beim Einatmen vor, daß dieses weiße Licht in dich eintritt und die negative Emotion des Stolzes – im Sinne von Arroganz und Überlegenheitsgefühlen gegenüber anderen – in dir berührt und verwandelt. Durch das einströmende weiße Licht wird es dir möglich, diesen Stolz in dir festzustellen, ihn zu verstehen und zu akzeptieren und ihn schließlich loszulassen. Damit verwandelt er sich in dicken schwarzen Rauch, der deinen Körper mit dem Ausatmen verläßt und sich außerhalb von dir vollständig auflöst. Das weiße Licht reinigt von allen schädlichen Wirkungen auf Körper, Rede und Geist, die durch Stolz verursacht worden sind. Wenn du an einer bestimmten Stelle im Körper Schmerzen verspürst, so sende das diamantfarbene Licht in diesen Bereich.

Wenn du am Ende der Übung das Gefühl hast, nun von Stolz gereinigt zu sein, visualisierst du, wie das weiße Licht zu der Regenbogenkugel zurückkehrt. Diese besteht nun wieder aus sechs Farben und entfernt sich fort von dir in den Raum, bis sie sich völlig auflöst.

## Meditation auf grünes Licht
## zur Überwindung von Eifersucht

Betrachte die Eifersucht in deinem Geist. Erkenne ihre Erscheinungsformen in deinem Alltagsleben und ihre physischen und emotionalen Auswirkungen.

Visualisiere vor dir im Himmel die regenbogenfarbige Kugel. Alle darin umherwirbelnden Farben verschmelzen zu einem tiefen Smaragdgrün. Stelle dir beim Einatmen vor, daß dieses grüne Licht in dich einströmt und jegliche Eifersucht berührt, die du in Körper, Rede und Geist erfährst. Das grüne Licht strömt in dich ein und ermöglicht es dir, die Eifersucht festzustellen, sie zu verstehen und sie loszulassen. Damit verwandelt sie sich in dunkelgrünen Rauch, der deinen Körper mit dem Ausatmen verläßt und sich außerhalb von dir völlig auflöst.

Visualisiere dann, wie das grüne Licht zu der Regenbogenkugel zurückkehrt, die nun wieder aus sechs Farben besteht und sich im Raum von dir entfernt, bis sie sich völlig auflöst.

## Meditation auf gelbes Licht
## zur Überwindung von Verlangen und Frustration

Betrachte die Gefühle und den Wechsel von Verlangen und Frustration in deinem Geist. Erkenne ihre Erscheinungsformen in deinem Alltagsleben und ihre physischen und emotionalen Auswirkungen. Registriere jegliche Empfindungen in deinem Körper, die damit in Verbindung stehen.

Visualisiere vor dir im Himmel die regenbogenfarbige Kugel. Alle darin umherwirbelnden Farben verschmelzen zu einem tiefen leuchtenden Goldgelb. Stelle dir beim Einatmen vor, daß dieses gelbe Licht alle Gefühle von unerfülltem Verlangen, Habenwollen, Mißvergnügen, Unzufriedenheit, Neid, Enttäuschung und Frustration berührt und in einen dunklen schmutzig-gelben Rauch verwandelt, der ausgeatmet wird und sich außerhalb deines Körpers völlig auflöst.

Visualisiere dann, wie das gelbe Licht zu der Regenbogenkugel zurückkehrt, die nun wieder aus sechs Farben besteht und sich im Raum von dir entfernt, bis sie sich völlig auflöst.


## Meditation auf himmelblaues Licht
## zur Überwindung von geistiger Trägheit

Blicke in deinen Geist und erkenne die Selbstgefälligkeit, Abstumpfung und Dummheit darin. Registriere ihre Erscheinungsformen in deinem Alltagsleben und ihre physischen und emotionalen Auswirkungen.

Visualisiere vor dir im Himmel die regenbogenfarbige Kugel. Alle darin umherwirbelnden Farben verschmelzen zu einem klaren Himmelblau. Stelle dir beim Einatmen vor, daß dieses blaue Licht die Abstumpfung und Gleichgültigkeit von Körper, Rede und Geist berührt und in einen blaugrauen Rauch verwandelt, der deinen Körper mit dem Atem verläßt und sich außerhalb von dir auflöst.

Visualisiere dann, wie das hellblaue klare Licht zu der Regenbogenkugel zurückkehrt, die nun wieder aus sechs Farben besteht und sich im Raum von dir entfernt, bis sie sich völlig auflöst.

## Meditation auf rubinrotes Licht
## zur Überwindung von Anhaftung

Betrachte in deinem Geist nicht nur dein unersättliches Verlangen und deine Neigung zur Anhaftung, Menschen und Dinge festhalten zu wollen, sondern auch die Gefühle von Mangel, Einsamkeit, Geiz und die Unfähigkeit, mit anderen teilen zu können. Erkenne ihre Erscheinungsformen in deinem Alltagsleben und ihre physischen und emotionalen Auswirkungen.

Stelle dir vor dir im Raum die regenbogenfarbige Kugel vor, deren Farben zu einem heiteren Rubinrot verschmelzen. Diese Farbe vermittelt ein Gefühl von Reichtum und Freundlichkeit. Beim Einatmen berührt das rote Licht die mit deiner Anhaftung verbundenen Emotionen und verwandelt sie in einen dunkelbraunen Rauch, der mit dem Atem deinen Körper verläßt und sich vor dir auflöst. Das Licht befreit von allen schädlichen Auswirkungen für Körper, Rede und Geist, die einerseits durch Verlangen und andererseits durch Geiz verursacht worden sind. Wenn du an einer bestimmten Stelle im Körper Schmerzen verspürst, so sende das heitere rubinrote Licht in diesen Bereich und spüre, wie es dir hilft.

Visualisiere am Ende, wie das rote Licht zu der Regenbogenkugel zurückkehrt, die nun wieder aus den
ursprünglichen sechs Farben besteht und sich im Raum
von dir entfernt, bis sie sich völlig auflöst.

## Meditation auf dunkelblaues Licht
## zur Überwindung von Zorn

Betrachte die Gefühle von Zorn und Haß in deinem Geist
und erkenne ihre schädlichen Auswirkungen auf deinen
Körper und deine Emotionen.

Visualisiere vor dir im Himmel die regenbogenfarbige
Kugel, deren Farben zu einem tiefen Dunkelblau von der
Qualität eines funkelnden Edelsteins verschmelzen. Stelle dir beim Einatmen vor, wie dieses tiefblaue Licht in deinen Körper gelangt und Zorn und Haß in Körper, Rede
und Geist in einen schmutzigen schwarzen Rauch verwandelt, der deinen Körper mit dem Atem verläßt und
sich vor dir auflöst.

Visualisiere wieder, wie das reine blaue Licht zu der Regenbogenkugel zurückkehrt, die nun erneut aus den sechs
ursprünglichen Farben besteht und sich im Raum von dir
entfernt, bis sie sich völlig auflöst.

## Die Maitri-Praxis:
## Die Erfahrung der inneren Farbe im Raum

Im folgenden wird eine meditative Bewußtseinspraxis beschrieben, die auf denselben Elementen wie die vorangegangenen Übungen der »Regenbogenkugel« beruht.

Dieses Experiment, das mit Bewußtsein, Farbe und Raum arbeitet, wurde in den 70er Jahren unter der Bezeichnung *Maitri Project** in Connecticut (USA) begonnen. Diese Praxis wurde von dem tibetischen Meditationslehrer Chögyam Trungpa Rinpoche, anfangs in Zusammenarbeit mit dem Zen-Meister Shunryu Suzuki Roshi, als Therapieform innerhalb der tantrisch-buddhistischen Schulung entwickelt und diente ursprünglich vor allem bei geistig desorientierten Personen als Ersatz für die Sitzmeditation. Später wurde »Maitri Space Awareness« wichtiger Bestandteil des Lehrfachs Kontemplative Psychotherapie am Naropa-Institut, einer Art buddhistischer Universität in Boulder (Colorado), die westliche und östliche Disziplinen miteinander verbindet. Die Maitri-Praxis wurde damit auch zu einer Form des Geistestrainings für den »Normal-Neurotiker«, in dem wir uns alle wiedererkennen können. Sie wird inzwischen häufig mit Ausdruckskünsten wie Tanz, Bewegungsimprovisation, szenisches Spiel und Theater, Musik, Malen und Zeichnen kombiniert und seit einigen Jahren auch in Europa als Kursveranstaltung angeboten.**

---

* *Maitri* – Sanskrit für »Güte« oder grundlegende Freundlichkeit. Bezieht sich in diesem Zusammenhang auf den Vorgang, Freundschaft mit sich selbst und dadurch auch mit anderen zu schließen.

** Nähere Informationen über: Karma Dzong, Zwetschenweg 23, D-3550 Marburg oder Maitri-Zentrum für Freie Künste und Kontemplative Psychotherapie, Susannenstr. 10, D-2000 Hamburg 36.

Die Maitri-Praxis beruht auf der tantrischen Lehre, daß alle Erscheinungen, unsere Gedanken und Gefühle eingeschlossen, Ausdruck von fünf Grundmustern der Energie sind, die jeweils mit einer Farbe, einer Himmelsrichtung und einem Symbol verbunden sind. Und, was für uns noch wichtiger ist: Sie entsprechen außerdem verschiedenen Emotionen, Lebensweisen, Beziehungsstilen und können jeweils eine geistig-gesunde, frei fließende und eine neurotisch-verwirrte, gefrorene Form annehmen. Die fünf Grundemotionen in ihrem neurotischen Aspekt sind: Ignoranz, Stolz, Leidenschaft, Eifersucht und Zorn.[*]

Durch die miteinander korrespondierenden Elemente Farbe-Energie und Raum sowie die besondere Körperhaltung, die während der Übung darin eingenommen wird, soll eine bestimmte Facette unserer Wahrnehmung und unserer gesamten Welterfahrung intensiviert werden. Der für jede der fünf Farben eigens konzipierte Raum und die jeweilige Körperhaltung dienen der Verstärkung des neurotischen Aspekts der entsprechenden Farbe-Energie und geben uns die Möglichkeit zu der Wahrnehmung, daß dies nur ein Ausschnitt der Welt ohne feste und für jeden gültige Realität ist. Vielleicht ist es nicht mehr als eine Bühne, ein enger Raum, in dem wir in stereotyper Haltung ein recht monotones Stück immer wieder aufführen. »Theater und Alltagsleben sind so ziemlich dasselbe« (Chögyam Trungpa). Wenn wir unsere gedanklichen und emotionalen Gewohnheitsmuster als gleichsam gefrorene Energien wahrnehmen und ihnen genügend offenen Raum geben, können sie auftauen und frei zu fließen beginnen.

---

[*] Eine sehr empfehlenswerte Lektüre über diese traditionell als die »fünf Buddha-Familien« bezeichneten Energien ist: *Der fünffarbige Regenbogen* von Ngakpa Chögyam (Freiburg 1988).

Es folgen einige Assoziationen zu den Energiemustern der fünf verschiedenen Farben und Bereiche, wobei jeweils der neurotische* und der befreite Aspekt einander gegenübergestellt werden.

## Weiß: die Buddha-Energie –
## Unwissenheit und Ignoranz**

*neurotisches Muster:*

Ich folge dem Gewohnten, der Routine, dem Weg des geringsten Widerstandes. Meine Welt ist überschaubar und sicher. Ich stelle mich taub und stumm und blind allem gegenüber, was unsicher ist und was mich bedrohen könnte. Ich versuche mich abzusichern und verschließe mich daher vor der Offenheit von Veränderung, denn keinesfalls will ich den Boden unter den Füßen und damit mein Gefühl von Sicherheit verlieren. Allerdings beobachte ich alles, denn ich will nichts verpassen und wissen, wovon ich mich besser abwende. Der Kontakt zur Welt fällt mir schwer, sie verhält sich distanziert und ich fühle mich oft einsam; aber ich bin ja selbst-genügsam und gehe lieber kein Risiko und keine Verpflichtung ein.

*befreite Energieform:*

Die Existenz an sich ist deine Passion. Du hast ein grundlegendes Gefühl von Präsenz, des einfachen »Da-Seins«. Deine Bewußtheit ist immer da, doch niemals fixiert. Du bist das, was du bist, und brauchst nicht mehr zu kämp-

---

* In der Jung'schen Psychologie wird die gehemmte Form auch als »verzaubert« bezeichnet.

** Weiß und Blau sind in diesem System bisweilen austauschbar.

fen. Du mußt nicht unbedingt handeln, doch sollte es erforderlich sein, tust du es in angemessener Form. Du akzeptierst alle Dinge und Farben: alles ist gleich. Dein Herz ist ganz offen.

## Gelb: die Ratna-Energie – Stolz und Besitzdenken

*neurotisches Muster:*

Ich bin fest in der Erde verwurzelt. Ich bin reich, ich habe Substanz, einen Selbstwert, ein Hoheitsgebiet, auf das ich stolz bin und das ich möglichst immer weiter ausdehnen will. Denn: Es gibt kein Zuviel – und Mangel ist das Schlimmste, was ich mir vorstellen kann. Ich habe den Wunsch, in Besitz zu nehmen, den Wunsch, uneingeschränkt zu konsumieren und mich behaglich zu fühlen, den Wunsch, mit der ganzen Welt in Kontakt zu sein. Am besten ist es, wenn andere von mir abhängig sind, damit ich das Gefühl habe, gebraucht zu werden und unersetzlich zu sein. Ich bin ja auch sehr großzügig. Es darf aber niemand unerlaubt in mein Hoheitsgebiet eindringen wollen. Denn ich bin nur so lange großzügig, wie ich keinen Verlust zu fürchten brauche.

*befreite Energieform:*

Du hast in dir allen Reichtum, den du brauchst. Man könnte deinen gesunden Stolz als »authentisch« bezeichnen. Du bist nicht gleichgültig, sondern gleichmütig, weil du keine Notwendigkeit mehr siehst, weiter zu suchen. Du spürst keinen Mangel, bleibst aber empfänglich für alles; denn du liebst die Fülle und kannst aus guten wie schlechten Erfahrungen schöpfen. Mit anderen teilst du den Wert allgemeiner Menschlichkeit. Du gibst ihnen das Gefühl, die ganze Fülle ihrer Möglichkeiten wahrzunehmen und ihren eigenen inneren Reichtum leben zu können.

## Rot: die Padma-Energie – Begehren und Leidenschaft

*neurotisches Muster:*

Das Leben bietet so viele Abwechslungen – es läßt mir einfach keine Ruhe. Ich greife nach etwas, will es festhalten, damit ich es nicht verliere – da erstarrt es oder entzieht sich mir. Dann bin ich fürs erste wieder einmal allein und fühle mich einsam und unverstanden. Und dabei bin ich doch so verführerisch. Aber fast noch schlimmer ist es, wenn ich Langeweile empfinde, weil die Dinge ihre Faszination verlieren und mich nicht mehr erregen; denn außer dem Alleinsein fürchte ich nichts mehr als das graue Mittelmaß. Da ziehe ich sogar noch das Leiden vor, denn dabei fühle ich mich wenigstens lebendig. Ein Ende meiner Suche wird es wohl ohnehin niemals geben. Manchmal gelingt es mir, das ganze Theater nicht so ernst zu nehmen.

*befreite Energieform:*

Du erfährst die Welt als Tanz der Energien und bist eins mit dem gegenwärtigen Augenblick. Du strahlst Wärme aus und ziehst Wärme an, du besitzt die Fähigkeit, zu berühren und dich berühren zu lassen. Du kannst Nähe und eine enge Verbindung herstellen, doch gleichzeitig läßt du dem anderen Raum und kannst gut allein sein. Bei deiner intensiven Erfahrung der Welt willst du die Freude ebensowenig wie den Schmerz ausschließen, und selbst die Langeweile kann für dich noch inspirierend sein.

## Grün: die Karma-Energie – Eifersucht und Paranoia

*neurotisches Muster:*

Es ist schrecklich, aber ich muß ständig auf Achse sein. Ich sage *muß,* denn ich darf ja keinesfalls ins Hintertreffen geraten und von den anderen eingeholt oder gar überrundet werden. Ich bin doch besser, oder? Leistung ist alles. Jeder Gedanke wird von mir unverzüglich in die Tat umgesetzt, bloß keine Zwangspause! Hindernisse gibt es nicht, und Fehlschläge darf es einfach nicht geben. Zwar ist jederzeit und überall mit einem Hinterhalt oder gar mit einem offenen Angriff zu rechnen. Da gibt es eigentlich nur eins: ganz oben an der Spitze zu sein, denn allein von dort aus kann alles kontrolliert werden. Wenn nur die Angst nicht wäre, wieder abzustürzen …

*befreite Energieform:*

Du verbindest Ruhe und Bewegung, Denken und Vision in deinem Handeln und setzt deine Energie für dich und andere nutzbringend ein. Du kannst geduldig auf den richtigen Zeitpunkt warten; du arbeitest mit Hindernissen, anstatt sie zu ignorieren oder zu überrollen. Du mißtraust anderen nicht von vornherein, ohne damit jedoch allzu leichtgläubig zu sein. Du siehst, wie möglichen Gegenkräften geschickt und unverbissen zu begegnen ist. Du weißt, daß dir immer verschiedene Möglichkeiten und Entscheidungen offenstehen – und daß du ohnehin nichts zu fürchten hast.

## Blau: die Vajra-Energie – Aggression und Zorn*

*neurotisches Muster:*

Ständig wird mir Unrecht getan – und dabei habe ich doch immer recht. Es kann einen wirklich zur Weißglut treiben, daß die anderen nicht durchblicken und sich nicht an die einmal aufgestellten Regeln halten. Wo kämen wir denn hin ohne Prinzipien ...? Aber es ist ja auch ganz gut so, daß ich mir die anderen vom Leib halten kann, denn sie würden sich sonst ja doch nur Übergriffe erlauben und meine Grenzen nicht respektieren. Manchmal wird mir zwar insgeheim angst und bange, wenn alle meinen, ich sei so autoritär, ungeduldig und reizbar, ja, sogar aggressiv soll ich sein – dabei greife ich doch gar nicht die anderen an, sondern sie greifen mich an.

*befreite Energieform:*

Du hast Vertrauen in den natürlichen Entwicklungsprozeß, daß sich die Dinge von selbst klären. Alles, was geschieht, siehst du in einem großen Sinnzusammenhang, und daher brauchst du nicht mehr um jeden Preis selbst Ordnung schaffen wollen. Du hast den leidenschaftlichen Wunsch nach Wissen und nimmst in deiner Gesamtschau minutiös auch alle Details wahr. Dabei bewegst du dich spielerisch und elegant in dem Freiraum, den du dir zu bewahren weißt, und auch chaotische Umstände können dir nichts anhaben. Andere mögen dich für kühl halten, weil du sie und ihre Projektionen so klar widerspiegelst, doch tust du dies warmherzig und mit einer grundlegenden Freundlichkeit.

* Blau kann mit Weiß wechseln.

Inmitten von emotionaler Turbulenz wird bei der Maitri-Praxis »Haltung« bewahrt – äußerlich wie innerlich. Wir durchschneiden die Beurteilung der in uns aufsteigenden Emotionen, damit wir sie intensiver, in der ganzen Kraft ihrer Freude wie ihrer Schmerzlichkeit, erfahren können. Das Ankämpfen gegen unerwünschte Gefühle läßt diese eine größere Macht über uns gewinnen, als ihnen eigentlich zusteht.

Das Gewahrsein des Raumes hilft uns dabei. Er ist »fest«, kann daher den Körper halten, seine Spannung aufnehmen, Entspannung bringen. Meditation – mit und ohne Farben – kann uns lehren, in Verbindung zu einem größeren, einem offenen Raum zu treten (dies ist mit dem häufig mißverstandenen Begriff der »Leerheit« gemeint). Seine Erfahrung liegt jenseits von unserer ständigen Suche nach einem persönlichen Bezugssystem, das unserer Selbstbestätigung dient. Diese Methode gibt uns die Möglichkeit, das Festhalten an unserem »Ich« zu lockern und damit zur Wurzel unserer Probleme vorzudringen. Dies bringt eine Öffnung gegenüber allem mit sich, was uns auf dem Weg begegnen mag und läßt uns viele Grundfragen unserer Existenz besser akzeptieren, wie die Verletzlichkeit unseres Herzens, Liebe, Einsamkeit, Alter und Vergänglichkeit.

## Zum Ausklang:
### Das Schiff, das mit Licht segelt

Als ich über das Meer der Unendlichkeit blickte, sah ich sie über dem Horizont aufsteigen und in meiner Richtung segeln. Und als sie landeten, ging ich an Bord, und sie setzten die Segel und füllten sie mit Licht, und wir segelten davon.

In den Kosmos fliegen und mit den Atomen verschmelzen – bis zu dem Punkt, wo Makro- und Mikrokosmos sich in einem Kreis treffen und ich mich überall im Universum befinde. In die Vergangenheit zurückgehen – mein Ich in der Tiernatur abstreifen und in die Zukunft ausstrecken – und an der Schwelle zu unbekannten Ländern stehen.

Und als ich in die Gegenwart zurücksegelte, sah ich, daß Raum ein Kreis und Zeit ein Punkt war und daß ich jeden Punkt auf der Kreislinie erreichen konnte.

Und überall, wohin ich mit meinem Schiff in Zeit und Raum gelangte, sah ich das Licht aus dem Zentrum hervorströmen.

So ließ ich mein Schiff hinter mir – ich öffnete meine Tür und trat hinaus auf die Erde, um mir selbst zu begegnen in den Bergen – in den Bäumen – in einer Blume – in einem Vogel – in der Sonne, und ich kam dem Licht näher.

Und ich spürte die Schwingungen, die aus dem Zentrum strömten, in der Musik – in Bildern – in Symbolen. Und als ich diese Schwingungen selbst erschuf, wurde das Licht stärker.

Und ich breitete meine Schwingen aus, durchbrach den Kreis und flog hinein in Frieden und Harmonie und Liebe. Und ich wurde zu einer dunklen Gottheit mit der Macht, das Universum erscheinen und verschwinden zu

111

lassen. Und ich verbrannte im Feuer und wurde als helle Gottheit wiedergeboren, die in das klare Licht blickte und aufging in seiner Leerheit.

*(aus: Tales from the Kingdom of Sun and Moon)*

# LITERATURHINWEISE

Akong Rinpoche, Dharma-Arya: *Taming the Tiger.* Eskdale-muir 1987. (Dt. Ausg. in Vorbereitung)

Chögyam, Ngakpa: *Rainbow of Liberated Energy.* Longmead 1986. (Dt. Ausg. u.d.T.: *Der fünffarbige Regenbogen,* Freiburg 1988).

Muths, Christa: *Farb-Therapie;* Farben als Schlüssel zur Seele. München 1989 (3. Aufl. 1991).

Ray, Clarissa: *Die persönliche Magie der Farben;* Symbolkraft, Psychologie und Heilenergie. Bad Münstereifel 1991.

Riedel, Ingrid: *Farben in Religion, Gesellschaft, Kunst und Psychotherapie.* Stuttgart 1983 (9. Aufl. 1991).

Vollmar, Klausbernd: *Farben – ihre natürliche Heilkraft.* München 1991.

ders.: *Das Geheimnis der Farbe Weiß;* Unschuld und Verführung. Südergellersen 1989.

Im ersten Teil dieses Handbuches werden die symbolischen Aspekte und esoterischen Zuordnungen der Farben in den verschiedenen Kulturen untersucht.

Der psychologische Teil beschäftigt sich mit ihrem Einfluß auf die gesamte Persönlichkeit des Menschen und regt durch praktische Tests und Übungen zu einem kreativen Umgang mit Farben an.

Abschließend wird ein Überblick über verschiedene Methoden der Farbtherapie gegeben und durch Anleitungen für Entspannungsübungen und Farbmeditationen zur Selbstheilung ergänzt.

Clarissa Ray
**Die persönliche Magie der Farben**
160 Seiten, broschiert
ISBN 3-925828-24-9

Petra Godson

**FARBEN** und **GESUNDHEIT**

Die praktische Anwendung
der heilenden Farbschwingungen

*edition Tramontane*

Die Anwendung von Farben als feinstoffliche Heilmethode nimmt an Bedeutung zu. Sie berücksichtigt die energetischen Bedürfnisse des Menschen und trägt zur Aktivierung seiner Selbstheilungskräfte bei, was sie für den Laien wie den Therapeuten gleichermaßen interessant macht.

Dieses Buch beschreibt zahlreiche Methoden der Farbanwendung an Chakras, Akupunktur- und Fußreflexzonenpunkten, Farbbehandlung in Verbindung mit Blütenessenzen, Ozontherapie und Kirlianfotografie sowie Farbtherapie durch kosmische Pyramidenenergie und leitet praktisch zur Heilung und Selbstheilung an.

Petra Godson
**Farben und Gesundheit**
172 Seiten, Broschur
mit Abbildungen und einer
vierfarbigen Pendeltafel
ISBN 3-925828-25-7

Rot ist mehr als eine Farbe – es ist ein Lebensgefühl, Ausdruck einer Herausforderung, die in besonderem Maße unserer Zeit entspricht.

In diesem Buch wird Rot vorgestellt wie eine schillernde Person, die ganz unterschiedliche Launen und Eigenschaften besitzt und so vielseitige Erscheinungsformen wie Leben, Kindheit, Liebe und Schönheit – Macht, Krieg, Hölle und Magie in sich vereint.

Rot als ein geheimnisvolles Wesen, das uns hier über eine sachkundige und anregende Lektüre sowie das praktische Erleben seiner Wirkung mit Mal- und Visualisierungsübungen zum Spiel mit dem Feuer einlädt.

Klausbernd Vollmar
**Das Geheimnis der Farbe Rot**
180 Seiten, Broschur
durchgehend zweifarbig
ISBN 3-925828-32-X

Leonard ist es bisher nicht gelungen, in seinen Beziehungen
Glück und Erfüllung zu finden. Wieder einmal am Nullpunkt
angekommen, begegnet er in einem Café einer geheimnis-
vollen Frau. Sie lehrt ihn den Widerspruch zwischen Liebe und
Leidenschaft und zeigt ihm den Weg aus der Verwirrung des
Herzens.

**Wenn Du geliebt werden willst,
mußt Du damit anfangen,
selbst zu lieben.**

Auch Du wirst nach dieser magischen Geschichte viel besser
die Gesetze verstehen, von denen unsere Beziehungen
bestimmt werden.

Mark Fisher
**Die neue Kunst des Liebens**
110 Seiten, broschiert
ISBN 3-925828-20-6

Ein junger Mann auf der Suche nach Reichtum begegnet einem weisen alten Millionär, der ihn in die Geheimnisse seines Rosengartens einführt. Er läßt ihn die in seinem Geist verborgenen Möglichkeiten entdecken und gibt ihm damit den Schlüssel zu innerem und äußerem Reichtum in die Hand.

Seine Lehren sind in die Form einer zeitlosen Fabel eingekleidet, die humorvoll eine tiefe Lebensweisheit mit praktischen Erfahrungen der Bewußtseinsschulung verbindet und uns auf viele Arten reich machen kann.

Mark Fisher
**Das innere Geheimnis
des Reichtums**
110 Seiten, broschiert
ISBN 3-925828-21-4